# 法のデザイン

## 創造性とイノベーションは法によって加速する

水野祐

フィルムアート社

目次

第二部

# イントロ　――21世紀の法律家から見える風景――

あなたは法に対してどのようなイメージを抱いているだろうか。多くの人と同様に、私も法律や契約といったものが苦手だったし、退屈だと思っていた。法に限らず、ルールというものが放つ不自由な、堅苦しい臭いを唾棄すべき存在だと考えていた。

そのような考えに変化が訪れたのは、インターネット・カルチャーの断片として、学生時代に米国の法学者ローレンス・レッシグの著作や、彼らが提唱したクリエイティブ・コモンズという概念に触れてからだ。

ちょうど同じ頃、「アウトバーン・デザイン」という言葉を知った。ドイツの高速道路アウトバーンは、標識ではなく、道路の斜度や蛇行により運転者の速度をコントロールするという思想に基づいて設計されているという。私と友人は、この設計思想は法にも応用できるのではないか、などと議論したりしていた。

弁護士資格を取得し、実務で実際に法律や契約に対峙してみると、法に存在する「余白」に不思議と自由さを感じるようになった。同時代を生きるイノベーターたちとの刺激的な対話と実践のなかで、プロジェクトを法的に支援し、場合によっては加速することができるのではないかという手応えを得るようになった。また、クリエイティブ・コモンズ・ジャパンの活動に従事していくなかで、「ルールは自分たちで作っていく」という、この先進的なアイデア・考え方は著作権に限らず、その他の法分野でも援用できるという気づきも得るに至った。

社会のルールたる法は、私たちの生活において欠かせないものである。ルールを意識するということは、メタな視点から物事を俯瞰することでもある。私はこれが「リーガルマインド」の真髄だと考えているが、それはあらゆる物事がネットワークでつながるアフターインターネット時代においてとりわけ重要な視点となってきている感覚がある。

大切なことは、ルールは時代とともに変わっていく／変わっていくべきという認識と、ルールを「超えて」いくというマインドである。ルールを超えていくことは、ルールを破ることを意味しない。ルールがどうあるべきかということを主体的に考えて、ルールに関わり続けていくことを意味する。ルールを最大限自分寄りに活かすことは知性の証明に他ならない。

本書は、アフターインターネット時代の法律家であり、弁護士という実務者でもある私の視点から、情報化社会における法をとりまく環境について考察したものである。また、そのような時代あるいは環境において今後重要になるであろう、「リーガルデザイン」という概念について試論している。インターネット・カルチャーと法が交錯する景色を私の能力のかぎりで素描してみたい。

法は、法律家だけのものではない。今までもそうだったが、これからはよりそうなるはずだ。その背景にあるのは、言わずもがなインターネットをはじめとする情報技術の進展である。二十一世紀は、法律家のみならず、市井の人々が法を主体的に使いこなす時代になる。そのような萌芽は本書のなかでも明らかになるだろう。

社会にこれまでにない、新しい価値を実装せんとするイノベーターは、いつの時代も孤独なものである。本書はそのような、さまざまな分野に潜在するハードコアたちに向けて書かれている。本書を通して、法を主体的に捉えることができる人が一人でも増え、社会に「リーガルデザイン・マインド」が醸成されていくことを期待している。

# 第一部

# リーガルデザイン総論——法により創造性やイノベーションを加速させることは可能か

本書の第一部では、法により創造性やイノベーションを加速させるために必要な「リーガルデザイン」という概念とその背景や射程などについて説明するが、その前提として、情報化社会において法と並ぶ行動原理となっている「アーキテクチャ」と、情報化社会における創造性やイノベーションにとって不可欠な「コモンズ」という二つの概念について説明する。

# 1 はじめに

## 情報化社会に取り残される法

法律や契約などの法は、私たちの自由を規制し、創造性（クリエイティビティ）やイノベーション（本書では商業的なイノベーションと文化的なイノベーションの両方を含む意味として使用する）を阻害する、とほとんどの人がそう認識している。新しい技術やその技術を利用した新しい表現やビジネスが生まれるとき、「でも、法規制があるから難しいのではないか」という言葉が常套句のように語られる。たしかに、法は個人や企業の行動を規制する要因の一つである。法の重要な役割として規制という機能があることは否定できない。新しい技術を利用した表現やビジネスに法がブレーキをかけ、結果的に私たちの自由が阻害されるケースがあることは事実である。しかし、法の役割は果たして規制のみだろうか。

新しい技術が生まれ、その技術を利用した表現やビジネスが登場し、それらが広まると、やがてその法整備が議論され、法が制定される。このような過程を経る以上、法という存在はその性質上、原則として現実の後追いしかできない。この、いわゆる「法の遅れ（law lag）」という現象は、情報化社会、特にインターネット以降の情報技術の動向が性急であることを前提に、人類史上かつてないほど広がっているように感じられる。これは見方を変えれば、現実と法の乖離、法の遅れが有史以来もっとも大きくなっている時代とも言えるだろう。現実と法の乖離は、法律や契約の文言の解釈に、いわゆる「グレーゾーン」と呼ばれる「ゆらぎ」をもたらす。現代は、現実と法の乖離、グレーゾーンの解釈がもっとも難しい時代であり、おもしろい時代だと言うことができるだろう。

一方で、情報化社会と言われる私たちの社会では、私人《しじん》間の合意である契約が大量化・複雑化している。あなたは自分が一日何回契約を交わしているか、意識したことはあるだろうか。電車に乗る、コンビニでモノを買う、これらももちろん契約だが、あなたが使用するYouTube、Wikipediaなどのウェブサービスや、LINE、Twitterなどのスマートフォンのアプリケーションなども利用する際に利用規約に同意することで、あなたはネット時代の契約書にサインしている（必ずしも同意ボタンをクリックしていなくても、利用規約への同意を擬制されていることも多い）。歴史上、人類がこれだけ大量の契約を日常的に交わした時代はおそらくない。このような意味でもかつてないほどに私たちの身近にある。また、契約書でも利用規約でも、多国間の法律が関係する国際的なサービスが多く、サービスが相互に編み重なって成立しており、契約内容も複雑化している。

これらの事象はやはりインターネットの普及に拠るところが大きい（物事の背理を一つの理由に求めるのは犯しがちな過ちの一つであるが）。例えば、Google、Uber（オンラインのタクシー配車サービス）、Airbnb（オンラインの民泊サービス）などの米国企業が生み出すサービスまたはビジネスをみると、「コンプライアンス」という言葉を単に「法令遵守」という意味で捉えていたのでは到底生まれ得ないものが多く存在する。例えば、Google Street Viewは、路上や屋内の肖像権やプライバシー権侵害の問題があるし、Uberであればいわゆる「白タク」規制がある。Airbnbでいえば旅館業法、旅行業、賃貸借契約、マンション管理組合規約などの法的問題に常にさらされている。しかし、これらの企業が、法的課題が存在することを理由にサービスやビジネスを停止してしまうことはない。法解釈あるいは法律自体が時代とともに変化しうることを当然の前提にしたうえで、法律家に自分たちのビジョンを裏付けるためのロジックを作らせ、時に法廷闘争に巻き込まれながら、その二、三年の間に市場でのシェアを奪い、同時にロビーイングをかけ法改正まで結びつける、ということをビジネス戦略として遂行するということも彼らは意識的にやっている。

他方、近年、Linuxのようなソフトウェア、ウィキペディアや初音ミク、くまモンのような文章や画像、音楽、映像などの情報コンテンツ、そしてArduinoのような電子工作などのハードウェアの分野においてまで、法的な仕組みが創造性やイノベーションを促進したり、加速するような場面が注目されるようになった。その背景では、GPL（GNUライセンス／GNU一般公的使用許諾）、マサチューセッツ工科大学を起源とするMITライセンス、後で詳述するクリエイティブ・コモンズ・ライセンスなどの各種オープンソース・ライセンスの工夫や、インターネット時代の契約書たる利用規約の戦略的な設計がある。また、Tesla Motorsやトヨタ自動車のように、イノベーションや市場規模の拡大を目指すビジネス戦略として、産業財産権である特許権を戦略的にオープン化する大企業が現れている。これらの法的な仕組みを前提とした戦略は、いわゆる「オープン・クローズ戦略」と呼ばれ、ビジネス戦略のみならず表現活動とも切り離されなくなってきている。

このように見てくると、法は表現活動やビジネス、そして創造性やイノベーションの単なる阻害要因にすぎないのか、疑問に思えてくる。逆に、創造性やイノベーションを促進または加速するための潤滑油のように法を捉え、そのような視点で上手に設計することはできないだろうか。これが私の問題意識である。

## 2 アーキテクチャ 情報化社会の新しい行動原理

情報化社会における法の役割について考えるとき、法と並ぶ行動原理となっている「アーキテクチャ」という概念について考察することが不可欠だ。

「アーキテクチャ」とは、英語で「建築」とか「構造」を意味する言葉だが、米国の法学者ローレンス・レッシグは主著『CODE』[1]のなかで、人間の行動や社会秩序を規制する要素を「規範・慣習（Norms）」、「法律（Law）」、「市場（Market）」に加えて、「アーキテクチャ（あ

[1] ローレンス・レッシグ『CODE——インターネットの合法・違法・プライバシー』（山形浩生・柏木亮二訳、翔泳社、二〇〇一年）

るいはコード）（Architecture）」という概念を使って整理した。人の行動を規制する必要がある場合、法による規制としては刑事罰の制定、規範・慣習による規制としては共同体あるいはコミュニティ内の説得・制裁、市場による規制としては価格に基づく経済合理的な判断、そして、アーキテクチャによる規制としては物理的・技術的な環境が存在する。音楽の違法ダウンロードを例にとれば、違法ダウンロードの刑罰化は法による規制、音楽ファン・コミュニティにおける説得は規範・慣習による規制、違法ダウンロードの楽曲を入手することの経済的なコストが高ければ（実際にはそうではないが）市場による規制、DRM（Digital Rights Management）により技術的にコピーをできなくすることはアーキテクチャによる規制であ

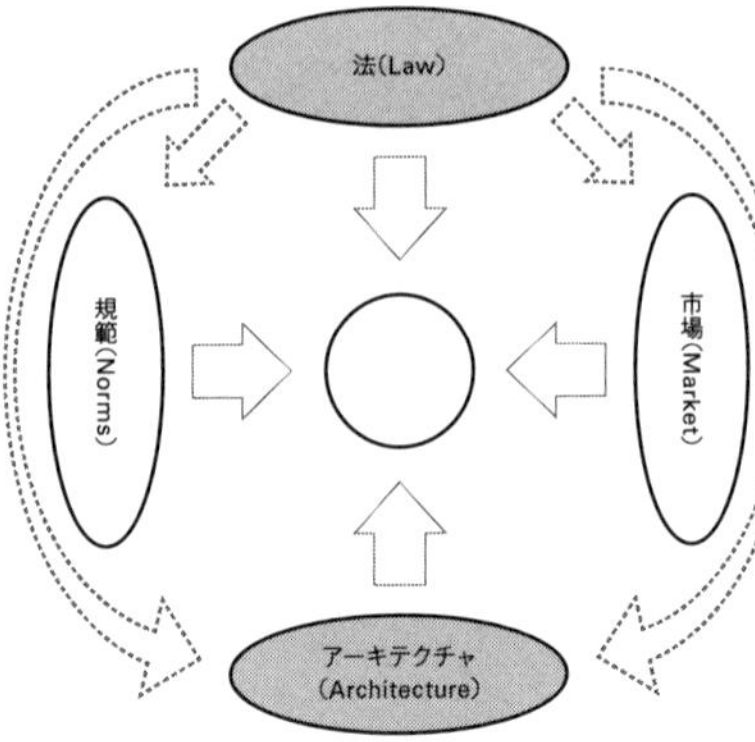


■図1　レッシグの規制枠組
（ローレンス・レッシグ『CODE』一五八頁を元に作成）

る。レッシグは、情報化社会における規制として、四つの規制原理のうち法による規制とアーキテクチャによる規制の関係性に注目しつつ、特に議会が制定した法律だけでなく、このようなアーキテクチャ（コード）による規制が決定的に重要な意味を持つと論じた［図1］。

またレッシグの議論を受けて、ホームレスが寝られないような形状の公園のベンチや、ファーストフード店の椅子の硬さ・BGMの音量・冷房の強さなど、インターネット等の情報環境以外の分野でも、技術的・物理的な環境の意味でアーキテクチャ[2]の概念は敷衍されてきた。このようにレッシグが提示したアーキテクチャ論は、インターネットや情報技術の分野を超え、人が簡単には変更できない「構造」や「環境」、「仕組み」といった趣旨で語義を広げて使用されてきている（そのせいで、同じアーキテクチャでも人がほとんど介入・変更できない「硬い」アーキテクチャと、そうではない「柔らかい」アーキテクチャが存在するように思われる）。

一方、アーキテクチャによる規制のポジティブな面を指摘したのが、社会学者の濱野智史である。濱野は、『アーキテクチャの生態系』[3]のなかで、アーキテクチャによる規制の特徴を①

［2］東浩紀は「環境管理型権力」と呼んでいる。東浩紀『一般意志2・0――ルソー、フロイト、グーグル』（講談社、二〇一一年）

［3］濱野智史『アーキテクチャの生態系――情報環境はいかに設計されてきたか』（NTT出版、二〇〇八年／ちくま文庫、二〇一五年）

ルールや価値観を被規制者の側に内面化させるプロセスを必要としない、②規制（者）の存在を気づかせることなく、被規制者が無意識のうちに規制を働きかけることが可能である、という二点に整理したうえで、Googleや「ニコニコ動画」、「2ちゃんねる」といった事例を挙げて、レッシグが強調したアーキテクチャのネガティブな特徴ではなく、ポジティブな側面や多様なアーキテクチャのあり方に光をあてた。濱野の言葉を借りれば「（アーキテクチャの）「いちいち価値観やルールを内面化する必要がない」「人を無意識のうちに操作できる」といった特徴を、より肯定的に捉えて、むしろ積極的に活用してくこともできるのではないか」、「レッシグのいうように、法律や市場といったものと並ぶ「社会秩序」の生み出す手法の一つであるならば、私たちはアーキテクチャを用いた社会設計の方法について、いままでにないさまざまな方法を実現する可能性を持っている」ということになる。濱野の議論は、アーキテクチャのポジティブな面を見出すことにより、レッシグが提示したアーキテクチャによる「規制」原理を、「行動」原理すなわち制度設計全般へとポジティブに転換した点に意義がある。[4]

もっとも、DRMのほとんどに回避手段が存在していることからもわかるように、アーキテクチャによる規制の多くは、その制約をさらに回避することが技術的に可能な場合が大半である。そのような場合、規制が無意味となりかねないので、そうした回避を禁ずる法律が必要となる。例えば、著作権法では技術的保護措置を回避する技術の提供などを法律で禁止している。

また、アーキテクチャによる規制ばかりで制度設計してしまうと、アーキテクチャは人間に規制に気づかせずに、強力な規制をかけることになるので、監視社会のように、人間の自由が過度に制限されてしまうおそれがある（監視社会はプライバシーの視点からの比喩であるが、アーキテクチャによる規制が行き過ぎた社会はギブスで行動が強制されるような社会である）。

このように、情報化社会における制度設計においては、法の設計、アーキテクチャの設計、いずれか一つのみの設計では不十分であることはすでに自明である。情報化社会における制度設計においてはアーキテクチャによる制度設計が重要な地位を占めているが、それだけに任せれば潜脱可能、かつ硬直的な制度になってしまう可能性が高い。したがって、情報化社会においては、アーキテクチャによる制度設計と法による制度設計、特に多様性、柔軟性を内包した法（ここでは法律よりも柔軟さを有する契約が大きな役割を果たす）による制度設計とのグラデーションのある、複合的な設計と協働により組み立てられていく必要がある。


一4一本書では、このような議論を受け、アーキテクチャという言葉を、何らかの主体の行為を制約し、または可能にする物理的・技術的構造、の意で使用する。成原慧『表現の自由とアーキテクチャ——情報社会における自由と規制の再構成』（勁草書房、二〇一六年）参照。

## 3 コモンズ 創造性、イノベーションの源泉となる「余白」

### コモンズという「余白」

昨今、多くの企業や個人が創造性やイノベーションの創出やその体系化に躍起になっている。だが、創造性やイノベーションの本質は、文化人類学者レヴィ・ストロースが言うところの「ブリコラージュ」（相互に異様で異質な物事が出会うことで新しい「構造」が生まれるという意味）にあり、創造性やイノベーションの非予定調和的な性質は体系化に馴染みづらいと私は考えている。

一方で、創造性やイノベーションが生まれやすい、確率を高くする環境や土壌を創出することは可能である。イノベーションの打率を上げることと言ってもよい。創造性やイノベーションの本質がブリコラージュにあるとすれば、これまで出会わなかったヒト、モノ、コトが偶発的に出会い、交配する機会を最大化することが創造性やイノベーションの源泉となる(法学者ジョナサン・ジットレインの言葉を借りれば、「生成力(generativity)」を高める、ということになる)[5]。そのためには可能な限り多くの情報、事物など、有形・無形のあらゆるリソース(資源)を誰もが自由にアクセスし、利用できること、リソースの自由利用性=「コモンズ」を確保することが重要になる。コモンズは、他分野からの参入障壁を破壊し、価格や品質をコモディティ化することで、その分野の境界を融解し、創造性やイノベーションを促進するのである。Googleがやっていることは、まさに収益の源泉たる検索エンジン以外のあらゆる分野をオープン化し、コモンズを作り出し、商品やサービスをコモディティ化することで、あらゆ

[5] ジョナサン・ジットレインは著書『インターネットが死ぬ日――そして、それを避けるには』(井口耕二訳、ハヤカワ新書juice、二〇〇九年)において、インターネットのアーキテクチャにおいてブリコラージュが生まれる力を「生成力(generativity)」、その土壌のことを「肥沃なシステム(generative system)」などと呼んでいる。この「生成力(generativity)」という言葉は、一人、「個」の創造力を意味する「創造性・クリエイティビティ(creativity)」という言葉と対置される、プラットフォーム上において集合分散的に発生する、主体ではなく環境に異存する創造力のことを指すジットレインの造語である。

る分野に破壊的イノベーションを起こす（とともに、そこに広告モデルを持ち込む）ということだ（一方で、Googleはオープン化に積極的な企業であるが、検索エンジンのアルゴリズムについては特許化すらせずに秘匿している）。コモンズを生み出すことは慈善活動などではなく、創造性やイノベーションを促進させるための戦略的な所為なのである。

なお、本書ではインターネットとの関係で、主に情報のコモンズについての言及が多くなされるが、「コモンズ」という言葉の意味は、これに限られるものでない。事実やアイデアなど誰もが自由に利用できる情報であるパブリックドメインのみならず、廃材、リサイクル品、そして公道や街の公園、広場、空き家・空き地、公海などを含む、幅広い概念である。[6]

なぜ公道はコモンズであると私たちは認識しているのか。それは公道が私有され、特定の者に独占されると、私たちの生活が不自由で成り立たなくなってしまうからである。コモンズは、このように私たちの生活や文化が窒息しないための「休息地」のような印象で語られ、そのように認識されていることが多い。しかし、近年、インターネットという新しく、広大なコモンズの可能性に触発され、レッシグやジットレインの主張のように、創造性やイノベーションの源泉としてのコモンズに注目が集まっている。

著作権制度を例に説明してみよう。著作権法は、事実や具体的な表現に至らないアイデア、そして誰が表現してもそのようになってしまう（選択の幅のない）「ありふれた表現」には著作権を発生させないとしている。また、偶然に一致または類似してしまった表現を侵害とはしないこと、著作権の保護期間を原則として著作者の死後五〇年（米国など主要先進国は七〇年）に限定していることなどの仕組みを有している。このような著作権制度をコモンズの視点から眺めてみると、著作権は保護期間が他の知的財産権と比較して相対的に長く、特許庁などへの登録なしに創作した瞬間に自動的に発生する強い権利であるが、事実やアイデア、ありふれた表現などには著作権を発生させず、また、既存の表現に偶然に類似してしまった表現を侵害とはせず、特定の人に独占させないことにより、逆に誰もが自由に利用できる情報のコモンズを確保しているという見方もできる。この情報のコモンズを活用することで、私たちは新しい表現やビジネスを生み出すことが可能になる。著作権法は、このようなかたちで創造性やイノベーションが生まれる土壌としてのコモンズを設計しているのである。

著作権法は、著作者・著作権者の保護ばかりを規定している法律だと勘違いされている。だ

6　ここでいう「コモンズ」の概念の詳細については、ローレンス・レッシグ『コモンズ――ネット上の所有権強化は技術革新を殺す』（山形浩生訳、翔泳社、二〇〇二年）を参照してほしい。

が、著作権法がなぜ存在するか、という法律の目的が書かれた著作権法第1条には、著作者・著作権者の権利の保護を図るとともに、「著作物の公正な利用についても留意」するように明確に規定されている。実は、著作権法は、権利保護（クローズ）だけでなく、利用促進（オープン）についてもバランスよく図っていくことを目的とした法律であることが明確に規定されている。著作権法はインターネットが普及する以前の一九七〇年に成立した法律であるが、ここにはすでにコモンズや、オープン・クローズのバランスが意識されているのである。

## コモンズを考慮した制度設計

ある新しい技術が生まれ、その規制を含む制度設計が議論される。昨今では、人工知能、3Dプリンターやドローン、ビットコインなどの規制が議論され、これから合成生物学などのバイオテクノロジー、ロボット、ブロックチェーン、宇宙分野における新技術が注目されるだろう。3Dプリンターやドローンなどにおいては、生命・身体の安全性、ビットコインでいえば国家の重要なインフラである通貨に対する信用という保護法益は重要であるが、安易に規制をかければ創造性やイノベーションの芽を摘むことになる。

一方で、新しい技術が社会に生まれたとき、規制がまったくないほうがよいという考え方もまた誤りである。ルールが定まることにより、萎縮効果が緩和することや、コンプライアンスが求められる大企業が参入しやすくなり、ビジネスが活発化することもある。二〇一五年にドローンの規制として航空法が改正されたが、それにより日本におけるドローンビジネスが活発化しているという指摘もなされているところである。また、ビットコインについては、フィンテックの文脈で企業が参入しやすいように法規制を明確にするように経済界が行政に働きかけを行なっている。適切な規制が社会をドライブさせていくこともあるのだ。

とはいえ、適切な規制とは、どの程度の規制なのか、予想できないことがほとんどである。未来が予測できないとき、もっと言えば、ある技術の将来的な利用方法が予測できないときには、その技術をコントロールがないままにしておくほうがイノベーションを見つける支援としては望ましい。不確実性の高い社会においては可塑性（システムが簡単に各種の方向に発展できること）が最適なのである。現在私たちが使っているインターネットはまさにこのような発想に基づき設計されてきた。このようにレッシグは指摘する。

このような、安全性・信頼性という価値と創造性・イノベーションの促進という価値の利益衡量やトレードオフの関係は、現在さまざまな場面で振り子のように、形を変えて立ち現れる。

だが、私たちが強く認識しなければならないことは、この制度設計における利益衡量は時代の変化とともに移ろうということである。戦後の爆発的な経済成長を経てきた日本では、このように制度が時代によって可変的なものであるという認識が希薄になっているのかもしれない。私はあらゆる場面において新しい技術の利用の側面、イノベーションの価値が優先されるべきと主張したいわけではない。技術の進展、時代の変化に合せて制度やルールもアップデートができることが、変化の大きい高度情報化社会においては重要なのではないかと主張したいのである。そして、時代の変化に伴った法を含む社会制度のアップデートのことを考慮すると、制度設計においてもコモンズの視点が欠かせない。そう考えているのである。

## 侵食されるコモンズ

すでに見てきたように、情報化社会においては、法と並んで、あるいは法以上にアーキテクチャによる制度設計が重要になりうるが、アーキテクチャによる制度設計は私たちの自由を過度に制約するおそれが常に存在する。同時に情報化社会においては、創造性やイノベーションの源泉となるコモンズが、アーキテクチャによりこれまで以上に強固に制約されることが懸念される。

かつては、情報のコモンズたる、パブリックドメイン（誰も自由に利用できる情報）は、海のように広大で豊かだった。レッシグは、インターネットが再びコモンズの重要性を露わにしたこと、そして、商業的なビジネスがインターネットにも流入することにより、インターネットにより担保される可能性があった情報のコモンズが阻害されていることに警鐘を鳴らした。直近でもＴＰＰ（環太平洋戦略的経済連携協定）の議論においては、日本においても著作権の保護期間が著作者の死後五〇年から七〇年に延長される方向性で議論がなされていた（欧米はすでに七〇年が一般的である）。ＴＰＰが頓挫した現在、喫緊の課題ではなくなったが、米国の一部でこのようなニーズは根強い以上、今後同様の議論は手を変え品を変え、外圧となって日本に押し寄せてくるだろう。

また、昨今話題になった二〇二〇年東京オリンピック・パラリンピックのエンブレム問題によって別の懸念が露わになり始めているように思える。それは、著作権制度が設計している「余白」がサイバーカスケード[7]／ネットリンチにより「侵食」される可能性があるのではないか、という危惧である。この件では、専門家の間では法的に問題が少ないと考えられていた佐野研二郎氏によるエンブレム案が、ネット世論とそれに影響を受けたマスメディアの影響により白紙撤回された。

　サイバーカスケード／ネットリンチが、法が著作権侵害の成立に要求している高いハードルを、実質的に無効化したのである。コンテンツの権利処理を生業のひとつとしている私が知るかぎり、グラフィックデザインでもプロダクトデザインでも、権利関係のクリアランス作業において、商標権や意匠権、場合によっては特許権などの産業財産権については事前に世界中の特許庁への登録の可否や既存の産業財産権の侵害リスクや抵触をチェックする。これに対し、著作権に関するチェックはほぼなされない。商標権、意匠権、特許権などのビジネス財産権については世界中のデータベースを叩けば侵害／非侵害の結論は出る。しかし、著作権は後述のとおり、登録制ではなく、かつ、偶然に類似したものは侵害としないため、事前に時間とお金をかけて調査をかける実益に乏しい。それでもリスクマネジメントの観点から、実際はGoogle画像検索などにより簡易なチェックを行なうことはあるし、[8] 登録された商標のデータベース内で著作権の視点から類否をチェックすることもある。

　これまでは法が「ここまでは大丈夫／ここから先はアウト」という、これを遵守してさえいれば（倫理上はさておき）社会的には責められないという最低限のラインを引いていた。しかし、五輪エンブレム問題は、法律が設けている最低ラインがサイバーカスケード／ネットリンチという、他者への不寛容や暴力が一種の祝祭的な盛り上がりのなかで増幅する快楽主義的なネットのアーキテクチャにより大きく引き上げられうるという事実を露呈した。その背後には、Google検索のアルゴリズムやFacebookのパーソナライズにより、ユーザーが本人の趣向に合わない情報から隔離され、偏った政治的・文化的志向が醸成されてしまう[9]というネットのアーキテクチャがある。その結果、単に個人や企業がサイバーカスケード／ネットリンチに対してものづくりを萎縮するという以上に、イノベーションを生み出す法的な土壌が侵食される、という由々しき事態を生み出すおそれがある。法には、最低限のラインを社会に占めることで、コモンズを確保するという役割があるからだ。法は、私たちにとって、何をやってよくて、何をやってはいけないのか、という予測可能性を確保する役割を担っている。残念ながら、私たちの社会は、レッシグが懸念した通り、コモンズが侵食される方向性で進んでしまっている。

[7] サイバーカスケードとは、米国の憲法学者キャス・サンスティーンが提唱した、インターネット上の集団極化の一種である。キャス・サンスティーン『インターネットは民主主義の敵か』（石川幸憲訳、毎日新聞社、二〇〇三年）参照。

[8] ロゴに関しては、デザインが第三者に漏洩することを防止する観点から第三者のサーバーを経由する画像検索などを利用しにくい、という指摘もある（深津貴之「よくわかる、なぜ「五輪とリエージュのロゴは似てない」と考えるデザイナーが多いのか？」http://bylines.news.yahoo.co.jp/takayukifukatsu/20150907-00049112/）

[9] イーライ・パリサーはこの状況を指して、「フィルター・バブル」と呼んでいる。

## コモンズを確保する制度設計

情報化社会の制度設計として、創造性やイノベーションの源泉となるコモンズの確保がいかに重要なのか、そしてそのコモンズが、一部の権利者による強硬な権利行使やロビー活動、ネット上での恣意的なアーキテクチャの設計、フィルターバブル、ネットリンチ／サイバーカスケード等により、容易に、私たちに見えない形で破壊されうるおそれがあるかをみてきた。

それでは、私たちは創造性やイノベーションの源泉となるコモンズをどのように確保し、設計していけるのか。契約、法律、アーキテクチャ、その他の方策によるコモンズの確保の方法について検討してみたい。

### 契約によるコモンズの確保（クリエイティブ・コモンズ）

クリエイティブ・コモンズは、本書でもたびたび登場する米国の法学者ローレンス・レッシグらが二〇〇三年に提唱した情報化時代における著作権の新しい考え方とその仕組みである。テキスト、音楽、写真、映像などの作者あるいは権利者が、自分の作品について「この条件さえ守れば自分の作品を自由に利用してよい」ということを、わかりやすいマークによって意思表示することで、より自分の作品を使ってもらえる機会を増やすためのツールである。私は、二〇〇八年からクリエイティブ・コモンズの日本法人である「クリエイティブ・コモンズ・ジャパン」(法人名としては特定非営利活動法人コモンスフィア)に参加し、二〇一三年から理事を務めている。

クリエイティブ・コモンズの背景には、フリーソフトウェアまたはオープンソース・ソフトウェアのムーブメントがある。リチャード・ストールマンは一九八五年にフリーソフトウェア財団を創設し、GNUプロジェクトを進め、リーナス・トーヴァルズがLinuxにGNUプロジェクトが作成したGPLライセンスを適用し、世界中に広めたことにより、オープンソースの考え方が浸透した。クリエイティブ・コモンズは、ソフトウェアの分野で生まれたGPLライセンスやLinuxに代表されるオープンソース・ソフトウェアの考え方を、テキスト、音楽、写真、映像などの情報コンテンツの分野に応用している。著作権による権利保護(All Rights Reserved)と、誰も権利を有しておらず自由に利用できる人類共有の財産(No Right＝パブリックドメイン(Public Domain))との間にある領域に着目し、情報コンテンツの作者が著作権を保持しながらも、一部の権利を開放する「Some Rights Reserved」という中間の領域を生み出す〔図2〕。テキスト、音楽、写真、映像などの情報コンテンツのオープンソース・ライセンスとしては、すでに世界的にデファクト・スタンダード化していると言ってよいだろう。最近では、Arduinoなどの電子回路基板やLocal Motorsのような自動車まで、ハードウェアの分野においてもクリエイティブ・コモンズを活用する個人や企業が増えている。ソフトウェアの世界で始まったオープンソースのムーブメントまたは考え方が、テキスト、音楽、映像などの情報コンテンツの世界にも広まり、ついにその流れがハードウェア（物質）の世界に飛び火しようとしている。

　クリエイティブ・コモンズには二つの側面がある。一つは、ライセンス（利用許諾）契約というツールとしての側面。もう一つは、「オープン」や「フリー」（ここで言う「フリー」とは無料ではなく、誰もが制約がなく自由にという意味）と

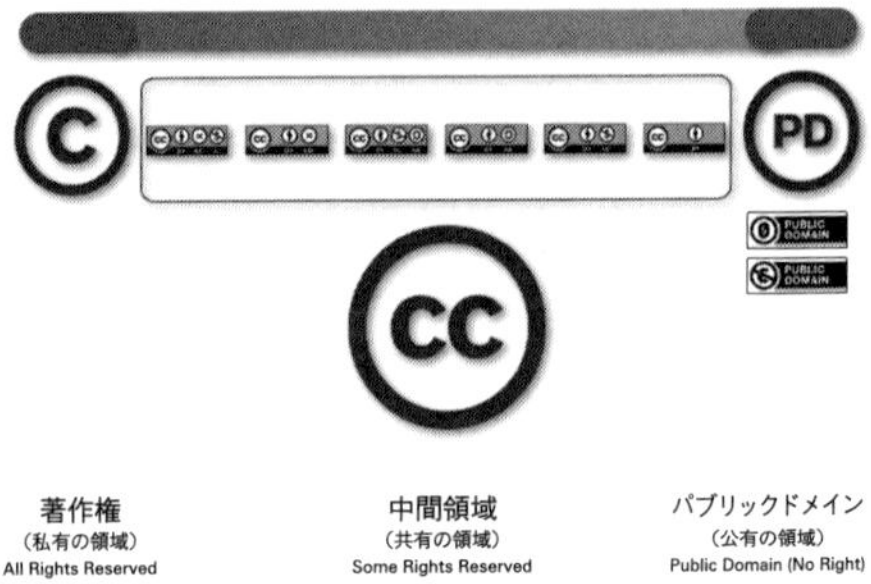


■図2　クリエイティブ・コモンズの考え方
（ドミニク・チェン『フリーカルチャーをつくるためのガイドブック』フィルムアート社、二〇一二年、一〇五頁を引用）

いう価値を広める思想としての側面である。私は、特に後者の側面が重要であると考えている。クリエイティブ・コモンズはインターネット社会における過渡期の制度であり、完全なものではない。その証左として、二〇〇三年にクリエイティブ・コモンズ・ライセンスが誕生してから、少なくとも三回の大きなバージョン変更が行なわれている（現在は二〇一四年に発表されたver.4.0）。ライセンスも生き物のように進化している。

クリエイティブ・コモンズは情報コンテンツのオープン化に資するものだが、著作権制度を否定または代替するものではない（これはよくある勘違いである）。また、私の個人的見解としては、あらゆる情報がオープンになるべきとは考えていない。デジタル時代においては、ハードウェアとソフトウェア、アナログとデジタルの境界が融解し、曖昧になり、複雑化している。そのような時代にあって、3Dプリンターのような新しい技術と知的財産権の関係性や、オープンとクローズド（権利保護）のどちらが当該情報にとってよいのか、どちらが社会にとってメリットがあるのか、オープンとクローズドの両者のバランスをいかに図るのか、その見極めがますます重要になってきている。クリエイティブ・コモンズはそのようなバランスを図る手段として、クリエイターあるいは権利者に、従来のAll Rights Reservedではない、別の選択肢を提供する仕組みである、と捉えるのがフラットな見方だろう。

## クリエイティブ・コモンズに潜在する可能性

私は、二〇〇八年以降、このクリエイティブ・コモンズの導入のサポートにあたって、日本国内のさまざまな利用規約を作成したり、それ以前に導入する団体内部における交渉やフレームワークづくりに関わってきた。あるいは、オープンデータや法律の改正にあたり、国の政策や著作権やその他情報法について、団体あるいは私個人として意見を求められてきた。そのようなクリエイティブ・コモンズの活動を行ない、クリエイティブ・コモンズの思想に没入していくなかで、私は、クリエイティブ・コモンズの思想や仕組みに潜む更なる可能性も感じるようになった。

すでに述べたとおりオープンソースの考え方は、ソフトウェアから始まり、テキスト、音楽、写真、映像などの情報コンテンツの分野でも広まり、現在ハードウェアに至り、さらにハードウェアの最たる建物や土地などの不動産、都市にまで至っている。コモンズの視点からオープンソースのムーブメントを眺めてみると、コモンズはあらゆる有形・無形のリソース（資源）を一度権利から引き剝がし、流動化させることで、コモンズを生み出し、これまで出会ってこなかったヒト・モノ・コトが出会う機会を最大化させる。これはまさしく創造性やイノベーションの源泉たるブリコラージュそのものだろう。オープンソースの手法が昨今注目されているのは、創造性やイノベーションの源泉となるコモンズを生み出すからであろう。

クリエイティブ・コモンズは、国が決めた著作権法という法律ではなく、クリエイターとユーザーが互いに合意した条件でコンテンツの利用を簡易に、迅速に許諾する仕組みである。クリエイティブ・コモンズは、創造性やイノベーションの土壌となるコモンズを当事者が契約によって生み出すツールである。このクリエイティブ・コモンズという仕組みをよりメタな視点で眺めると、国が決めた法律のルールを私人が契約を活用してオーヴァーライドし、「余白」を設計する仕組みのひとつと捉えることができる。クリエイティブ・コモンズをよりメタな視点でみると、そこには単に著作権に関する新しい仕組みの提案ではなく、私人同士が当事者の合意・契約によって、著作権という国が決めた法律とは違うルールを作っていく、自発的なルールメイキングの発想が存在する。創造性やイノベーションの源泉としての「余白」＝コモンズを確保する観点から、クリエイティブ・コモンズには大きなヒントがある。

一例を挙げれば、ＩｏＴ（Internet of Things）の分野において、現在盛んに製造物責任の問題が議論されているが、ここにクリエイティブ・コモンズ的な契約の仕組みを導入し、個人間では製造物責任を減免する仕組みの導入などが考えられる。もちろん安全性に鑑みれば、この仕組みを広く適用することには問題がある。しかし、私有地などの限られた場所・空間や家族内や企業内など限られた範囲において、このような仕組みを導入することは検討に値する。[10]また、直近の例では、OpenAIという非営利の人工知能研究団体が、テスラ・モーターズやSpaceXのCEOであるイーロン・マスクや、Yコンビネーターなどにより一〇〇〇億円あまりを投じて設立された。AIに関する知的財産をオープンソース化していく活動になるという。これはおそらく成果物をオープンソース・ライセンスで公開する等の方法によって行なわれることになると予想するが、GoogleやApple、Facebookといった巨大企業に人工知能に関する権利を独占させず、個人やベンチャー企業であっても萎縮せずに使えるようにすることを目的としている。これらのオープンソース化が、他分野からの参入障壁を大幅に低減し、より多くの非専門家が人工知能の議論や開発に参加することが可能になる。加えて米国では、EFF（電子フロンティア財団）やMozillaなど非営利で、特定の営利企業の目的に追従する必要のない独立した組織がMicrosoft、Google、Facebookなどの巨大企業を監視する役割を担っている。もちろん、OpenAIなどの試みは米国巨大企業の市場シェアの奪い合いの一つの戦略とも考えられ、注意が必要であるが、米国におけるこのようなコモンズの創出の手法は改めて注目に値する。

クリエイティブ・コモンズのような、契約によるコモンズの確保の手法には、著作権という分野にとどまらず、大きな可能性が潜んでいるというのが私の仮説である。これは「契約自由の原則の再発明」とも呼ぶべき手法である。ただし、この手法は、私人間《しじん》における契約が法律に優先する任意規定がカバーする領域において有効だという点には留意が必要である。

### 法律によるコモンズの確保

著作権法という法律がコモンズを確保するための制度設計を行なっていることについてはすでに説明した通りである。創造性やイノベーションを加速または促進するコモンズを確保する方法として、法律には何ができるだろうか。

創造性やイノベーションの源泉たるコモンズ、「余白」のある法制度の設計という見地から思い当たるのが、米国などの著作権に規定されている「フェアユース」の規定である。フェアユースとは、一定の判断基準のもとで公正な利用（フェアユース）に該当するものと評価されれば、その利用行為は著作権侵害にあたらず、著作権者の許諾なく著作物を利用できる、という法理である。日本の著作権法のように、私的使用のための複製や引用など具体的な類例を限

―10― 現に、アメリカのいくつかの州法では、自作の「kit car」に関し、所有者が自動車の製造工程に五〇パーセント以上携わる等を条件に、衝突試験（crash test）などの規制が免除される場合がある。

定的に列挙する規定の仕方ではなく、抽象的な判断指針を示すことによって、事後的な司法の判断に是非を委ねるかたちになっているのが特徴である。

米国は、現実の後追いしかできない（または、そのようになりがちな）法律にフェアユース規定のような「余白」をあらかじめプリセットすることで、新しい表現やテクノロジーが萎縮しないように制度設計しているのである。「米国では大丈夫だが日本では法規制があって難しい…」という議論もまた、新しいテクノロジーに対する態度として見慣れた光景である。これは「コモンロー」と「大陸法」という法体系の相違というよりも、法制度に対する「余白」の設計について意識的か否かが両国の相違につながっているのではないか（例えばGoogle検索のクローリング時における複製権侵害の問題についても、米国では当初からフェアユースに該当し、適法と考えられてきた）。日本のような成文法の国では、次々と生まれてくる新しい技術を前に、事後的対応で継ぎ接ぎだらけのパッチワーク的な対応にならざるを得ない。技術進展や社会変動が著しく、予測可能性が極めて低い時代における、私たちの法の認識のバージョンアップが必要になっているのではないだろうか。もちろん、これはすべてを米国式にしろという乱暴な議論ではない。汲むべきところは汲み、日本型のフェアユース規定を構築すべきである。

法律によるコモンズの確保という観点から、もう一つ私が適切だと考えるのは、著作権制度を抜本的にリフォームするというものである。

その一つは、「禁止権」を中心とした著作権制度から「報酬請求権」を中心とした著作権制度にリフォームするものである。現在の著作権制度は、グーテンベルグの活版印刷技術を前提とした原則としてコピーすることを禁止する権利（複製権）を中心に構成されている。しかし、高度情報化社会においては流通する情報は紙よりもデータの量が圧倒的に多い。このような時代にあって、「グーテンベルグの呪縛」から脱し、データの転々流通する伝播性を重視し、コピーを原則としてOKとしつつ、コンテンツが利用された場合には利用量に応じて使用料を権利者に還元する制度に移行すべきという議論がある（報酬請求権的アプローチと言う）。

もう一つは、著作権制度を登録制にリフォームするというものである。現在の著作権制度は、世界的に、著作者が表現を創作した時点で、特許庁などへの登録なしに権利が自動的に発生するという制度を採用している（「無方式主義」と呼ばれる）。これを産業財産権と同様に登録制にリフォームすることで、データベースに登録されていないものに関しては基本的に自由に利用できることになり、情報の自由利用を担保できる。サイバーカスケード／ネットリンチの観点からは、現行の著作権制度ではどうしても「類似しているか／類似していないか」という評価が入るが、登録制であればデータベースへの登録の存否で画一的に判断することができ、評価が入り込む余地がないという利点がある（現に、今回の五輪エンブレム問題においても、登録制の商標に関しては議論になっていない）。これらの議論は突飛なように聞こえるかもしれないが、すでに米国だけでなく、日本の専門家の間でも、現状の著作権制度に代わる「ポスト・コピーライト」の議論が熱を帯びてきている。実は米国は比較的最近まで登録制の著作権制度を有していた。そんな米国も一九八九年にベルヌ条約に加盟し、登録不要の著作権制度を持つに至ったが、いまだ登録制だったときに名残として内国著作物については登録を訴訟要件としている。

一方、日本の著作権法は、権利の発生については無方式主義を採っており、登録は権利取得の要件ではない。権利の変動を公示するためやその他の特別な目的のため登録制度が一応存在するが、その効果は限定的であるため、ほとんど利用されていないのが現状である。もちろん、登録制といっても特許制度のように時間と資本両面からコストがかかる制度は個人の創作を促し、豊かな文化の醸成を目的とする著作権にはそぐわない。また、著作権制度の国際的な標準を定めるベルヌ条約をどう乗り越えていくかという現実的な課題もある。ネット社会では、ローレンス・レッシグが危惧したように、アーキテクチャによる制約がより容易に、より強固に行なわれる可能性がある。そのような社会において、私たちは法に余白を持たせることにより制度に柔軟性を確保しておくことがこれまで以上に肝要になる（一方で、ヘイトスピーチの問題などと同様に、これらの法アプローチはインターネット上の表現の自由と鋭く対立する場面があり、一筋縄ではいかないことが予想される）。

先述のとおり、公道、公園などの現実空間も私たちの社会の重要なコモンズである。例えば、フィンランドやスウェーデン、ノルウェー、デンマークなどの北欧には「自然享受権」という権利が認められている。私有地においても、土地の所有者に損害を与えない範囲内で、土地への立入りや、キノコを採取したり、テントを張って泊まるという自然の恩恵を共有する権利が認められている。内容としては、通行権（他人の私有地への立入り、スキーなど）、滞在権（テントでの宿泊、休息、水浴びのための短期滞在など）、自然環境利用権（ヨット、モーターボート等の利用、水浴び、氷上スポーツ、魚釣りなど）、果実採取権（対価なしの果実やキノコ等の採取など）がある。これも一つの法律によるコモンズの確保の例と言えるだろう。

### アーキテクチャによるコモンズの確保

アーキテクチャによる規制または制度設計は、私たちの自由を見えづらい形で、恣意的に、また過度に規制するおそれがあるため、創造性やイノベーションの源泉となるコモンズの確保という観点からはあまり望ましくないようにも思われる。しかし、前述の濱野智史が指摘するように、アーキテクチャによる制度設計をコモンズを確保する方向性でポジティブに活用することも可能であるはずだ。例えば、都市のなかに公園用の用地をあらかじめ物理的に確保しておくことや、ＡＰＩ（アプリケーション・プログラミング・インターフェース）によるライブラリの開放やユーザー投稿型のプラットフォームもその一例と言えよう。

サイバーカスケード／ネットリンチが生じない（生じにくい）アーキテクチャを設計するということもありうる。たとえば、実名アカウントに限定すること（または匿名アカウントのアクセスを規制すること）や、あるイシューに対して賛成の意見と反対の意見を同じくらいのバランスで掲載するアーキテクチャをメディア上に実装する等、テレビ放送に課せられた公平原則（有限で希少な電波を使って放送を行なうことから、中立で、公正、平等な放送を行なう義務があるとする原則）のようなものをネットのアーキテクチャとして導入することなどの方法がありうるだろうか。このようなアーキテクチャの設計をプラットフォーマーや事業者自身に委ねることもあり得るが、法により強制またはコントロールするということも考えられる。この制度設計は、相互に補完し合い、入れ子構造になっている法とアーキテクチャをバランスさせるか、という本書のテーマに他ならない。

アーキテクチャによるコモンズの確保については、議論のさらなる深化が待たれるが、アーキテクチャには柔軟性が低い性質がある以上、コモンズの確保の手法として難しい面があることも否定できない。

## 社会的基盤（インフラ）によるコモンズの確保

創造性やイノベーションの源泉となるコモンズを確保するための手法として、契約や法律以外には、社会的基盤（インフラストラクチャー）による手法についても最後に触れておきたい。

すでに紹介したようにイーロン・マスクらが設立したOpenAIや、アメリカのオープンソースや知財制度について大きな役割を果たしているFSF（フリーソフトフェア財団）やEFFなど、特に米国の業界団体や民間団体は市民が政治問題や民主主義に気軽に参加する「民主主義の学校」としての役割を果たしているが、コモンズの確保において大きな役割を担っている。

私が代表を務めている「Arts and Law」は、アーティストやクリエイターを法的な観点から支援する専門家らによる日本のNPOである。具体的には、インターネット上での無料相談を主なサービスとして、クリエイター向け講座などを提供している。Arts and Law は二〇〇四年に作田知樹により設立された。アメリカには、ニューヨークに本拠を置くVLAという法律家によるアートの支援組織があり、アメリカのアート・クリエイティブ分野を下支えしている。これの日本版として立ち上がったのがArts and Lawであった（当時は「VLA Tokyo」と名乗っていた）。

私はArts and Lawに二〇〇七年に参加し、二〇一〇年から作田に代わり代表理事、二〇一五年一月からは税理士・公認会計士の山内真里とともに共同で代表理事を務めている。Arts and Lawの活動は、今に至る私の活動において、クリエイターのサポートという原初的な欲求に一番近いところにある活動だと言えるだろう。年に二〇〇件ほどインターネット経由で相談が寄せられる。現在、無料相談を担当している弁護士は一〇名強にまで増加した。

文化的なヒト・モノ・コトはそれぞれが孤独であり、社会のなかで、そして社会との接合点が持ちにくいという側面がある。また、文化と法は距離が遠いと考えられていたが、Arts and Lawは、そのような孤独がちな文化活動を、法的な視点から経済活動その他の社会とつなげることができるのではないか。法は文化と社会との接着剤のような役割を果たせるのではないだろうか。本来、弁護士などの専門家にアクセスできないヒト・モノ・コトがArts and Lawを触媒にアクセスできることにより、その中心にいるArts and Lawのメンバーたちにはさまざまな情報や仕事が集まってくる。Arts and Law自身のサービスは無料だが、そのように活動が広がっていくうちに仕事も舞い込んでくる。これは私の立場から見れば、弁護士業のオープンイノベーションの一つの姿であるように感じている。

また、経済的あるいはその他の理由から専門家へのアクセスが限定されていることにより、法知識が欠如している表現者たちが、その限定されていることを理由として自由な表現や活動ができない、本来コモンズにより確保されている自由な創造が、法知識の欠如や偏在という情報や立場の格差により創造性が歪められてしまう、という事態を可能な限り無くすこと。それにより、クリエイターがより自由に、より創造的に、クリエイティブに専念できる土壌が生まれてくるのではないか。Arts and Lawはこのような法知識の欠如や偏在を是正することをミッションとしている。つまり、Arts and Lawは、クリエイティブ分野におけるコモンズの確保する機能も果たしている。Arts and Lawには、このような仮説に基づいた、日本のクリエイティブ・カルチャーを支えるインフラとしての役割がある。

Arts and Lawはあくまで一例であるが、法やアーキテクチャだけでなく、NPOや市民団体・業界団体などもコモンズを確保するためのインフラとして今後ますます重要性を帯びてくるだろう。

# 4　リーガルデザイン

## 創造性、イノベーションを加速させるための新しい法の設計論

### リーガルデザインの思想

高度情報化社会は、「法の遅れ」を前提として、有史以来もっとも現実と法律の乖離が大きい時代であり、また、私たちが日々交わす利用規約を含む契約が大量化・複雑化している。そのようなかで、創造性やイノベーションの源泉である「余白」＝コモンズをいかに法やアーキテクチャの設計や協働を通じて確保することが重要なのかについて述べてきた。

「法の遅れ」が大きくなるということは、法の解釈や運用に「余白」や「ゆらぎ」が生じるこ

とも意味する。インターネットが登場する以前に制定され、ネットを想定もしていない法律が現実に直面するとき、この問題が特に顕在化する。時代錯誤な法の欠陥を解釈や運用によって埋めていく必要性が出てくる。一方で、このような、いわゆる「グレーゾーン」を活用して、ネットなどの情報技術を活用して新しい表現やビジネスが生まれてきている。このような例は、Google検索に始まり、YouTube、初音ミク、ニコニコ動画、Google Book Scan、Spotify、Uber、Airbnb、Netflix、ビットコインなど枚挙に暇がない。インターネット登場以降、話題になる表現やサービスのその裏には、ほぼ例外なく法律や契約などの法に関するクリエイティブな解釈や運用が隠れていると言っても過言ではない。高度情報化社会は、歴史上かつてないほどに「グレーゾーン」が広がっている社会または時代であり、法の解釈や運用に生じる「余白」や「ゆらぎ」をクリエイティブに解釈する余地がかつてないほどに生じている時代と言うことができる。

このような情報化社会において、法律や契約を私たち私人《しじん》の側から主体的にデザイン（設計）するという視点が重要になる。「リーガルデザイン（法のデザイン）」とは、法の機能を単に規制として捉えるのではなく、物事や社会を促進・ドライブしていくための「潤滑油」のようなものとして捉える考え方である。米国の法学者シーラ・ジャサノフは、技術進展の著しいバイオテクノロジーや情報技術（ＩＴ）分野において、法がまさに技術の発展する前提条件を一定の方法で生み出すことがあることや、技術進歩が著しい領域において法が技術に先行して形成していくということがあることを指摘する（シーラ・ジャサノフ『法廷に立つ科学』[11]）。さらに言えば、リーガルデザインとは、国家が一方的に定めるルールに従うのではなく、私たち私人《しじん》の側から自発的にルールメイキングしていく、という考え方であり、その手法のことである。しかし、インターネット社会において、現実と法律との乖離はますます激しくなっている。当然、法律の解釈が必要になり、その解釈の「ゆらぎ」も大きくなる。法律の適用に、現在ほど、うまく解釈する必要性と、解釈できる余地が生じている時代はないので

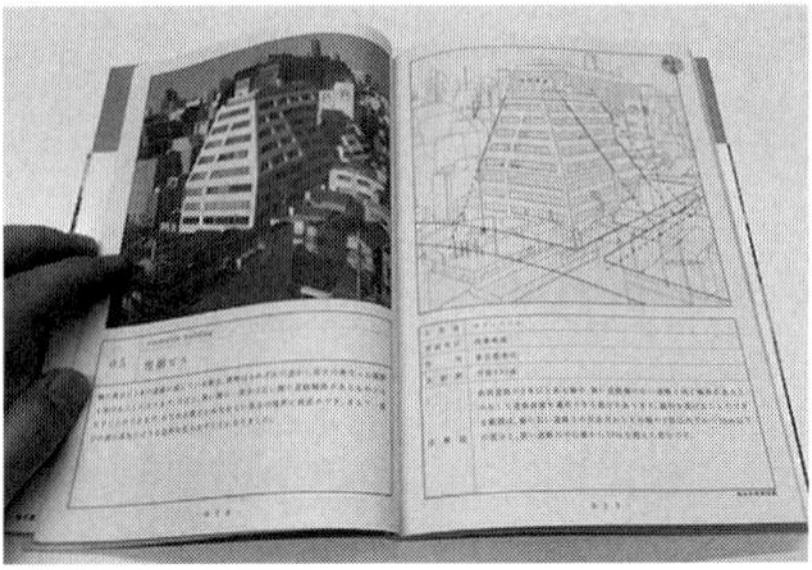

■図３　吉村靖孝『超合法建築図鑑』（彰国社、二〇〇六年）より

ある。法律や契約には、規制や拘束されるというようなネガティブなイメージが強くあるが、柔軟な思考で設計していけば、自分たちが実現したいことを促進したり、デザインできる。私たちは法律や契約に生じる「余白」やグレーゾーンをクリエイティブに解釈し、これらを駆使することでビジネスや表現活動を加速させていくことができるのである。

すでに紹介したとおり、社会学者の濱野智史はレッシグが提示したアーキテクチャ論のネガティブ側面だけでなく、ポジティブな側面に光をあて、単に規制原理から人間の行動原理まで拡張して議論を展開した。

また、建築家の吉村靖孝は、『超合法建築図鑑』において、建築基準法など建築関連法規により異形に変容せざるを得なかった建築物を「超合法建築」と名付け、その建築物や街並みの変容をポジティブなまなざしで取り扱ったうえで、街並みに内在する隠れた「コード」＝法の存在を表出させたうえで、ポジティブに転換した─図3─。

アーキテクチャのみならず、法も人間の行動を規制するだけでなく、良い方向に、より創造性やイノベーションを促進・加速することが可能なのではないか。本書は、これらの濱野や吉

─11─シーラ・ジャサノフ『法廷に立つ科学──「法と科学」入門』（渡辺千原・吉良貴之訳、勁草書房、二〇一五年）

村によるポジティブな思考に影響を受けている。

一方で、単に法制度を設計するだけでは不十分であることもまた自明である。法の「余白」を使いこなすには、それを使う私たち個人、家族、法人ひいては国家の法に対する認識のアップデートも同時に求められる。その際に重要なことは、法律の解釈・運用や契約を活用することにより、個人がルールの形成過程に積極的に参画していくというマインドである。法律の解釈・運用や契約を柔軟に駆使することにより、法が用意している「余白」を最大限活用することができる。それがやがて法制定や法改正の段階で立法過程に反映されることにより、新たな時代のイノベーションが生まれる土壌となる法の「余白」を生み出していく。そのようなボトムアップ型の循環・エコシステムと、私たちの法に対するマインドセットの更新が必要ではないだろうか。法分野においては「リーガルマインド」という言葉があるが、ここではこの法を主体的に捉えていくマインドを「リーガルデザイン・マインド」と呼んでみたい。

リーガルデザインは、法分野にデザイン思考を持ち込む試みでもある。デザイン思考とは、デザインやクリエイティブの方法論を形式知化し、ビジネスや政治においても活用できるように整えられたプロセスとマインドセットのことで、近年、創造性やイノベーションを創出または促進する方法論として浸透してきている。デザイン思考における「共感・理解→定義・明確化→アイデア開発・創発→プロトタイプ→テスト」というプロセスは、法を含む制度設計にも有効に機能すると考えられるからである。

「デザイン」という言葉を使用すると、あらゆる事象を「デザイン」という言葉で回収しようという一種の怠慢ではないかと穿った見方もあるだろう。しかし、物事をより良い形で整える所為がデザインであることは否定し難く、兎角ネガティブな言説に絡め取られている法を、人間の行為やその集積である社会をより良い形で整えるという文脈において「デザイン」という言葉によってポジティブに捉え直すことに、私は可能性を見出している。

このリーガルデザインの思想は、情報化社会における情報の海のなかで、私たちのコモンズや自由を確保し、創造性やイノベーションを加速するための数少ない有効な武器になりうるのではないか。私はそのように考えている。

## リーガルデザインの端緒

二〇一一年、顧問を務めている山口芸術情報センター（YCAM）からの依頼で、アーティストやエンジニアがYCAMで滞在制作し、その成果物をオープンソース化する「Geust

Research Project」というプロジェクトの、YCAMとアーティストとの間の契約書の作成を行なった。その際、YCAM InterLabの伊藤隆之氏、坂井洋右氏からの提案で、他の成果物同様、この仕組みを世界中のどこでも採用可能なように、契約環境自体もオープンソース化できないか、ということになり、「GRP Contract Form」というプロジェクトに発展した。[12]

私は、このプロジェクトにおいて、初めてプログラマーと一緒に契約書を作成するという経験をした。成果物をオープン化するための知財や公開に関する条項からクレジット、旅費・宿泊費などの経費、ビザ申請に至るまで細かな条件設定をしていったが、定義や条項の順序、章立てなど、プログラマーがコード（ここでは法文にあたるが）に求める厳密性に気づきも多かった。また、この契約書はソースコードの共有サービス「GitHub」で公開された点も画期的だった。コードとして似た性質を有する法文がGitHubで共有されたことは、ある意味、必然とも言える邂逅だったように思う。GitHubにおいて契約書や利用規約を共有するという同様の試みは、IAMASの小林茂教授とのプロジェクトである「ハッカソン／メイカソン参加同意書」においても行なわれている。[13] この参加同意書は、今日に至るまで、日本中のさまざまな共創イベントで利用されている。

このYCAM InterLabやIAMASとの協働により得られた示唆が、リーガルデザインの着想につながっている。その示唆とは、契約とは、人間や企業間の関係、ひいては社会を設計・デザインするためのプログラムではないか、という視点である。

## リーガルデザインの射程

リーガルデザインの思想は、さまざまな場面において参照される可能性があるが、私が現時点で考えている主な射程について次に述べてみる。

### 契約自由の原則の再発明

実は、法分野におけるデザイン的なアプローチは過去にも参照されるべきものが存在する。すでに紹介したクリエイティブ・コモンズは、クリエイター（権利者）とユーザーとの間の契

—12—第二部「アート」の「アーティストとの契約環境のオープン化」の項を参照のこと。

—13—https://github.com/IAMAS/makeathon_agreement　なお、本プロジェクトの成果や課題については、小林茂・水野祐「ハッカソンなど共創の場における知的財産権に関するルールの作成——参加同意書の提案と適用事例から得られた知見」（『デジタルプラクティス』第七巻二号、二〇一六年）という論文にまとめられている。

約により、著作権法という国家が定めたルールを上書きしてリデザインする仕組みである。また、クリエイティブ・コモンズは、一般人にもわかりやすい言葉で書かれた「コモンズ証（Deed）」と呼ばれる文章と、（法律家でないと読むことが難しい）法律文書としてのライセンス本文、そして、インターネット検索にかかるようにマシーン・リーダブルなメタタグという三層構造でできている［図4］。クリエイティブ・コモンズは単に著作権制度に対するハック（工夫するの意）だけでなく、情報化社会における契約のインターフェースに対する批評的な取り組みでもある。私がクリエイティブ・コモンズの活動のなかでリーガルデザインの思想を見出したのではおそらく偶然ではない。クリエイティブ・コモンズはリーガルデザインの

■図4　クリエイティブ・コモンズの三層構造

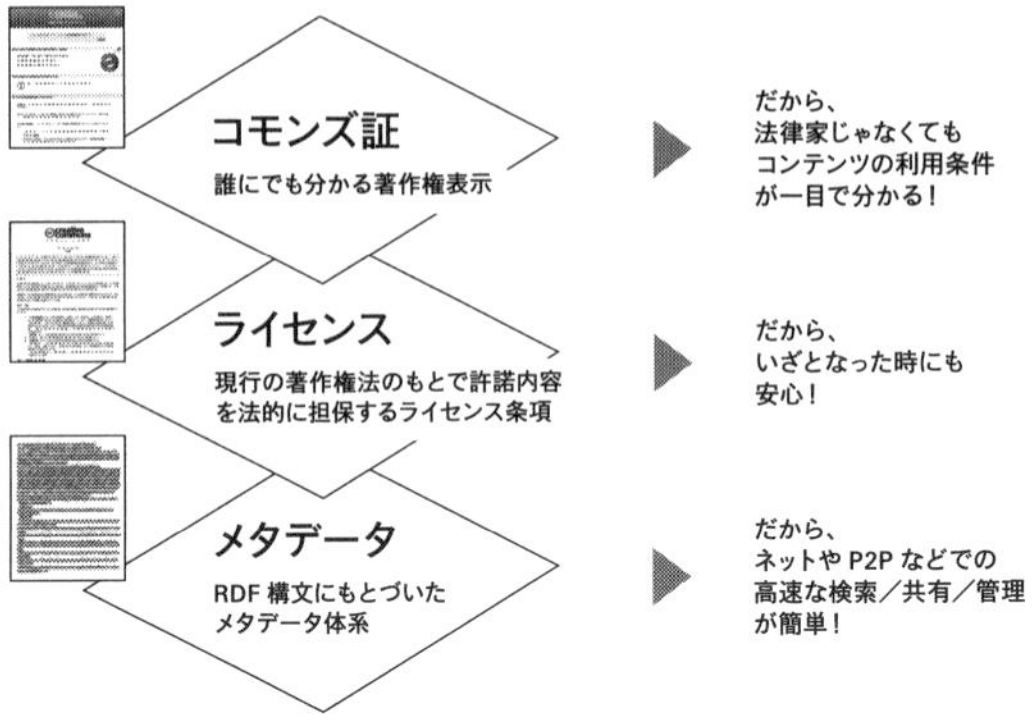

優れた先例であり、実践の一つと評価できる。

そもそも、契約における三大原則の一つである契約自由の原則は、まさしくリーガルデザインそのものである。契約自由の原則とは、私人は、公序良俗に反しないかぎり、国家が決定する法律に縛られず、自由に双方の合意を実現してよい、という民法の大原則である。しかし、現代においては大企業が作成した契約書のひな形や一方的に定められた利用規約、大家が作成した定型的な賃貸借契約書に一方的にサインさせられるケースがほとんどである。その結果、契約というものがそもそも当事者双方の合意を実現していくために修正を重ねてゆく、合意形成やコミュニケーションのための手段であるという認識すら有していない一般市民がなんと多いことか。すなわち、本来大原則であるはずの契約自由の原則は形骸化し、私たちは契約が自由にデザインできるものであることを忘却してしまっている。その意味では、リーガルデザインの思想は、現在世界的に蔓延している、企業が一方的に突きつけてくる規約・約款やシュリンクラップ・クリックラップ契約[14]という悪しき慣習から私たちを解き放つという要素もある。

[14] シュリンクラップ契約とは、商品や使用許諾契約書を包んだ放送（シュリンクラップ）を破いて開封したことをもって当該条項への同意を擬制し、契約を成立したものとする契約形態をいう。これにならって、インターネット上のサービスの利用規約について同意ボタンを押させる方式の契約形態はクリックラップ契約と呼ばれることがある。

リーガルデザインは「契約自由の原則の再発明」とも評価できるだろう。

ところで、契約自由としてのリーガルデザインは、強行規定と鋭く対立する。強行規定とは、当事者がそれと異なる合意・特約をしても、そのような合意・特約が無効となってしまうような規定である。強行規定とは異なり、当事者が異なる合意・特約をした場合に、法律の規定よりも当事者の合意・特約が優先する規定を任意規定という。法律は、この強行規定と任意規定がタペストリーのように組み合わさってできあがっている。リーガルデザインの観点からは、その法律が当事者の合意によって上書きできる任意規定なのか、上書きできない強行規定なのは大きな意味を持つ。例えば、法律の規定に「別段の意思表示がないときは」や「別段の定めがあるときは」といった除外文言があれば、任意規定であることは明確である。他方、「～することができない」等と禁止文言が入っている規定は、通例として強行規定に入ると言われている。しかし、たしかに文言の書き方は大きな根拠の一つにはなるが、過去の裁判例においては、必ずしもそのように判断されているわけではない。また、上記のような文言的なヒントが存在しない法律の条文がほとんどである。結局、強行規定と任意規定の区別は、当該規定の趣旨を考察し、個人の意思によって排斥することを許すものなのか、そうでないのかを判断するほかなく、ここに一般的な原則を掲げることはできないと言われている。[15]

ただ、留意しておかなければならないことは、強行規定・任意規定の区別もまた、時代とともに変化するはずだということである。当該規定の趣旨はその時代によって変化しうるからである。リーガルデザインの思考においては、強行規定と任意規定の伝統的で形式的な区別から脱却し、時代の変化を条文の趣旨に読み込む作業が不可欠になる。それもリーガルデザインの実践の重要な一部であることを付言しておきたい。

## 新しいコンプライアンス

リーガルデザインは、法律の「抜け穴」を探す作業であるとか、違法を助長するのではないか、と懸念する向きもあるかもしれない。このような意見は、特に日本型コンプライアンスを重視する立場からなされるように予想される。

「コンプライアンス」は「法令遵守」と和訳され、日本では単純に法令を忠実に守ることを貫徹するという意味で理解されてきた。しかし、このような日本型のコンプライアンスは、社会が激変するなかで法令が予測していない事態を前にすると無力であることは、昨今日本からイ

―15― 我妻榮『新訂民法総則（民法講義1）』（岩波書店、一九六五年）

ノベーション企業が生まれていないことや、福島第一原発やさまざまな行政官庁、大企業の不祥事によっても明らかであろう。

「コンプライアンス」は、企業などの組織が、その組織に求められる社会的な要請や責任を法令等のルールに従って、適切に実現していくためのプロセスや枠組みのことをいう。そして、創造性やイノベーションを標榜する個人、企業、そして政府などであれば、これらの個人または組織に求められる社会的要請をいかに実現していくのか、そのプロセスを戦略的に実践する枠組みこそが新しいコンプライアンスの形と言える。このような新しい形のコンプライアンスは、まだ体系化こそされているわけではないが、GoogleやTwitter、Facebook、近時ではUberやAirbnbなど、主に米国で世界を変えてきたサービスや企業による実践のなかですでに世界中に広まりつつあるように思われる。よく知られているように、彼らは時に大胆な法解釈の読み替えや社会的要請を背景に強力なロビー活動を行なってきた。それは決して「法令遵守」という思考停止からは生まれてこない。彼らはそのような大胆な法解釈の読み替えが自らに課せられた社会的な要請を実現するため必要だと判断し、それを遂行してきたのだ。この読み替えやロジックの組み立ては法の潜脱や違法の助長とは異なる。自らのビジョンやアティテュードを社会的意義のなかに位置づけるということを、社会のルールである法は時代とともに変化しうるということを当然の前提として行なっているのである。

私たちはそろそろ、「法令遵守」に代わる新しいコンプライアンスの訳語を発明する必要がある。その新しい訳語は、リーガルデザインの概念とも相似するのではないだろうか。

## インターネット・ガバナンス

情報化社会のインターネット上や現実世界における自由や秩序を誰がどのように形成していくかという問題、いわゆる「インターネット・ガバナンス」と呼ばれる問題群に対しても、リーガルデザインの考え方は有効に機能する。いわゆる「規制緩和」という官から民へ、という大きな政治の潮流があるが、グローバリゼーションと情報技術の急速な発達により、政府による法令や行政指導に基づく直接規制（direct-regulation）によるガバナンスには限界があることは自明のこととなりつつある。情報化社会においては、一国の政府の規制能力は国際的な問題を前に相対化されてしまうことや、社会環境の変化が激しすぎて政府の規制能力が追いついていかず、自主規制に頼らざるをえないのである（規制や法執行の「民営化」と呼ばれる）。しかし、一方で、単なる規制の「民営化」にもリスクが存在する。自主規制は市場、すなわち一定の利益追及を目的とする企業や業界団体により推し進められるために、その規制が歪みやすく、不完全になりやすい。

このような伝統的な直接規制か自主規制かという二項対立の限界が露呈されるなかで、インターネット上またはそれに起因する多様な政策課題への対応として、近年ＥＵを中心に「共同規制（co-regulation）」という概念が注目を浴びている。「共同規制」とは、企業や業界団体が行なう自主規制（self-regulation）に対し、政府が一定の介入・補強を行なうことによって、公私が共同で問題を抑止・解決していく政策手法を意味する。インターネットの秩序を誰が形成していくべきか、という問いに対して、市場の行なう自主規制の利点を活かしつつ、その欠点やリスクを政府が補強するという、第三の道を作り出していこうとする考え方である（生貝直人『情報社会と共同規制』[16]）。

近年の日本のインターネット関連の法政策においても、携帯電話のフィルタリング機能の搭載やライフログサービスのプライバシー保護などにおいて、民間の自主規制を促し、それに対して政府が介入を行なうという実質的に共同規制と近い方法論が採用され始めている、との見方もある。また、近年のインターネット上の著作権や肖像権侵害、名誉毀損等への対策においては、ネット上に分散する無数の新会社たちを追跡して訴訟することはコストがかかりすぎる。それよりもＩＳＰのレベルで違法コンテンツを特定し、削除を行なうためのブロッキング技術の導入など、技術的・アーキテクチャ的な解決方法が重視されている。このような対策手法は法制度により義務付けたり、コントロールすることも考えられるが、その技術的詳細や運用の基準は企業や権利者団体とネット企業との間の私的な交渉に委ねられている部分も多分に存在する。生貝も、インターネットのグローバル性、そして、主要なソフトウェアやプラットフォームのほとんどが米国のIT企業によって提供されているという事実について、直接規制や自主規制の手法の限界を指摘する。このように、インターネット・ガバナンスについては、従来通りの政府による直接規制、企業や業界団体による自主規制、そして、公私が共同で行なう共同規制という三つの手法の選択的あるいは複合的なアプローチが必要になってきている。

このような複合的な規制手法においても、単に国家から与えられた法律による規制ではなく、私人の側から積極的にルールメイキングしていくというリーガルデザインの思想は重要になってくる。規制を緩和するときには、どの部分を緩和するか、緩和するとして、その緩和した部分のガバナンスをどのように行なうか、という視点が欠かせない。また、英国を代表として一般市民を巻き込んだ形のオープンな政策形成が注目を集めている。この際には、自主規制に委

—16— 生貝直人『情報社会と共同規制——インターネット政策の国際比較制度研究』（勁草書房、二〇一一年）

ねるのか、政府が一定の介入を行なうにしても、どの程度の介入を行なうのか、共同規制における透明性の確保といった検討において、私人の側からルールメイングしていくというリーガルデザインの考え方は有用である。なぜならば、そのような考え方なしでは、すぐに政府の規制枠組みに頼ってしまいがちだからである。市場や民間による自主規制のアプローチにおいてはもちろんのこと、共同規制のうち、政府主導による「上からの共同規制的アプローチ」ではなく、市場や民間が主導し政府からの介入を限定的に捉えるボトムアップ型の「下からの共同規制的アプローチ」においては、リーガルデザインの思想は特に重要な意味を持つことになるだろう。

## ピアな契約の連鎖が社会契約を更新する

「法をデザインする」と言うと、その趣旨には賛同してくれる方であっても、法律を制定、改正、廃止するのは大変な作業で、安易にそのようなことを言うべきではないという意見もあるだろう。契約は比較的自由にデザインできるかもしれない、でも法律は官僚や国会議員でもないかぎり、デザインすることは難しいのではないかと。

たしかに、法律の制改廃はカロリーの高い作業である。所轄の行政官庁において委員会等の議論を経て、国会での立法手続を経ると、少なくとも数年を要する。しかし、私は、そのような法律と私たち国民との間の関係性についても、私たちの認識をアップデートする必要があると考えている。

私たちはホッブスやルソーらが提示した社会契約論を前提とした社会で生きている。社会契約論のもとでは、法律は国家と国民の（社会）契約であると位置づけられる。その社会契約を裏付けるものとして「一般意思」という言葉・概念が使われ、さまざまな定義がなされているが、これは私たち国民同士のピア（peer）な契約の集積が国民の共通認識となって顕在化しているという考えることが可能である。そのように考えると、私たち個人や企業の間におけるピアな契約が集積すれば、やがてその契約の内容が私たちの社会のルールたる法律にも反映されていくはずである。

私人間《しじん》のピアな契約の連鎖が、私たちと国家との間の社会契約たる法律の内容を更新していく。私は、私たち一般市民一人一人がこのような想像力を持つことが大事ではないかと考えている。国のルールであっても、私たち一般市民が交わす一つ一つの契約によって、変えることが、変えることを始めることができるはずなのである。

私が知る限りにおいても、すでにクリエイティブ・コモンズは著作権法の改正の議論に影響を与えている。これは著作権法にかかわらず、その他の分野でも変わらない。Airbnbのサービス（もちろんその背後にはAirbnb、オーナー、ユーザー間の契約がある）は旅館業法の改正に影響を与えている。法律の内容はもちろん政治や立法過程といった手続きの影響を多分に受けるものの、私人《しじん》間のピアな契約の連鎖が国家を作っていくのである。第二部の「政治」の項で扱う、昨今の政治における情報技術の導入や、注目を浴びているブロックチェーン技術（ブロックチェーンについては、第二部「金融」の項で扱う）などによって、私人のピアの契約の連鎖が、法律によりダイレクトに影響しうる時代が近い将来来るかもしれない。また、契約とは異なるが、近年の風営法改正や渋谷区の同性パートナーシップ条例は、コミュニティの盛り上がりがネット等により可視化され、法改正その他のルールチェンジに至ったケースである。このような技術による契約（あるいは「契約」とは異なる合意形成の手法として新しい呼び名が付くのかもしれない）により分散的かつピアな合意形成の手法が確立されれば、このことはより当てはまることになるだろう。そのときには国家が定めた法律など私たちには必要なくなっているかもしれないが。

リーガルデザインの実践：リーガルデザイン・ラボの試み

以上述べてきたリーガルデザインに関する研究・実践の場として、二〇一六年一〇月に、慶應義塾大学ＳＦＣ研究所内に「リーガルデザイン・ラボ」が立ち上がり、新保史生教授（法学）を代表として、デザイン、テクノロジーの専門家も参画し、私も立ち上げメンバーとして尽力している。

本ラボの目的は、①人工知能、ロボット、３Ｄプリンターをはじめとするデジタルファブリケーション、ゲノム編集などのバイオ、ブロックチェーン、宇宙などの先端領域における法を含む社会制度の設計図を素描するとともに、制度設計のためのプロトコル（方法論）を研究・開発すること、②テクノロジーやデザインを活用した、次世代の法律・契約のインフラやインターフェースを開発・構築すること、③法を単なる規制として捉え

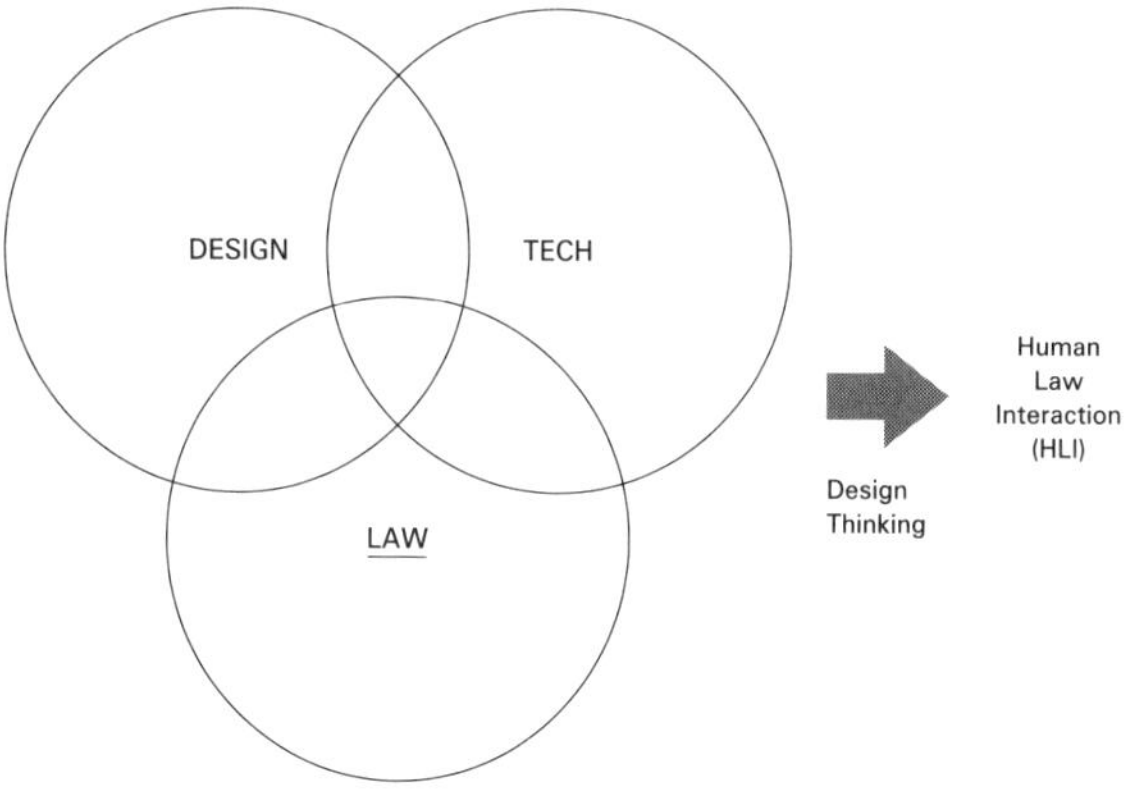

■図５　リーガルデザインとは？

るのではなく、イノベーションを促進する潤滑油として捉えることができる人材（リーガルデザイナー）とマインド（リーガルデザイン・マインド）を育成・醸成していくこと、である（図5）。

まだ始まったばかりで未知数な部分も多いが、リーガルデザイン・ラボの今後の動きに、ぜひ注目していただきたい。

## 5 第一部のおわりに
### 法という社会のOSを更新するために

創造性とイノベーション。これらはいずれも私たちの文化や経済において欠かせないものであることは今日自明である。

以前は、分野やビジネスごとにその数だけ違うルールが存在していた。農業、漁業、林業、自動車、出版、音楽、テレビ、映画、ゲーム……それぞれの分野ごとに違うルールで動いていた。しかし、インターネットが普及した社会では、すべてがネットワークでつながり、境界が融解し、これまで分野ごとに存在したルールが機能しなくなり、新しいルールが求められている。たとえば、音楽の分野では、音楽家はライブで宣伝して、レコードで儲けるというビジネス・モデルだったが、無料で聴くことができる音楽が増え、定額制のサブスクリプション・サービスというものが生まれた。そして、テレビや映画、そしてその他の分野においても同じような動きが起きている。音楽、テレビ、映画といった分野の差異は「なめらか」になり、それぞれを統合する新しいルールメイキングが求められている（この感覚は本書の第二部をご覧いただければより鮮明に理解していただけると思う）。私たちは、法という社会のOS（Operation System）を更新する必要がある。それは同時に、私たちのマインドセットも更新しなければならないことを意味する。

社会を設計したり、デザインする、と言うと、どうしても社会を「上」から設計できるというエリート主義の臭いが漂う。ご存知のとおり、二〇一六年、英国ではEUを離脱することを直接選挙によって決定し、米国ではドナルド・トランプ大統領が当選した。これらは政治的にも、経済的にもさまざまな断絶が起きており、リベラルにおけるエリート主義の限界が露見したと指摘する声もある。だが、リーガルデザインの思想はそのような社会全体を「上」から設計できるというエリート主義の怠慢とは対局にある。一人一人の法に対する主体的な関わりやマインドセットの変更、そしてそのような一つ一つのピアな連携を促し、ルールメイキングあるいは制度設計につなげていくリーガルデザインの思想は、社会を「上」から設計することの限界を超えていくための一つの術であり、このような秩序なき時代においてますます重要性を帯びるのではないか、と私は確信している。

私は、私たちが生きているこの社会が、創造性とイノベーションがよりサステナブル（持続可能な）に生まれてくる、より豊かな社会であってほしいと願っている。大仰な「創造性」だけではなく、微細な創造的な行為の積み重ねにより、イノベーションが生まれうる。特にインターネットにおいては、世界中に分散した「野生のクリエイター」が微細な創造性を発揮する。このような果てに私たちの新しい文化の醸成、そして「発酵」があるのではないか。創造性やイノベーションの源泉であるコモンズは、このような「野生のクリエイター」による微細の創造的行為の積み重ねにこそ活きる。

私たちはより良い文化や社会をいかに設計していくのか。本書は、このようなレッシグによるコモンズ論、アーキテクチャ論に依拠したうえで、レッシグ以降のそれらの議論を私なりに敷衍したつもりである。そのうえで、法律家としての実践のなかで育まれたリーガルデザインという概念の提唱と、ネット社会においてプレゼンスが高まっているアーキテクチャの設計と協働によりどのようにより良い社会を設計できるのか、をテーマにしている。占有（専有）的（Proprietary Model）なのか、共有的（Open Source Model）なのか。オープンなのか、クローズドなのか。クリエイティブ（創造的）なのか、ジェネレイティブ（自然生成的）なのか。官なのか、民なのか。法なのか、アーキテクチャなのか。

答えは、おそらくいずれも二項対立的ではあり得ない。例えば、知財戦略一つとっても、クローズ（権利保護）戦略としては、知的財産権として権利化して独占的に実施・ライセンスすること、権利化せずにノウハウ（営業秘密）として秘匿すること、また、オープン（利用促進）戦略としては、権利化して広くライセンス供与（場合によっては無償許諾）すること、あるいは、権利化せずに公開すること、標準化により市場を拡大しつつ先行者利益を確保すること、さらには契約を活用することなど、「オープン・クローズ戦略」と呼ばれる、多用な手法を駆使することが必要になる。それに加えて、契約や法解釈といった法と、アーキテクチャを立体的に複層的に設計し、その協働によってケースバイケースで使い分けて作り上げていくことが必要になってくる。リーガルデザインの思考は、ルールを作り、ルールを活用し、ルールを見直すというサイクルを不断に繰り返すことによって、ルールを自らがデザインしていくという視点に最終的に行き着く。

本書の第二部では、音楽、写真、映像、ゲーム、出版、アートなどの情報コンテンツから、ソフトウェア、ハードウェア、土地、建物などの不動産、都市、政治、金融などかなり幅広い分野において、インターネットが普及して以降のさまざまな契約や法解釈の工夫、そしてアーキテクチャとの協働について私なりの視点で考察している。このような事例の考察や分析の中から、法とアーキテクチャの設計と協働について適切なバランスや方法論が見えてくるのではないかと私は期待している。

リーガルデザインは二十一世紀の知財戦略であり、法的視点からのビジネス戦略であり、文化論でもある。私たちはルールメイキングの舵取りを自らの手の取り戻す必要がある。そのために、法に従いながら、法を「超えて」いく必要がある。

# 第二部　リーガルデザイン各論——各分野の考察から

第一部では、情報化社会において法やアーキテクチャは人間の自由を規制する方向にも、促進・加速させる方向にも機能しうること、創造性やイノベーションの源泉となるコモンズを創出するために法とアーキテクチャの設計と協働が大切になること、その設計や協働において「リーガルデザイン」という法を主体的に捉えるマインドが重要になるのではないか、ということを述べてきた。

このような状況にもかかわらず、法分野に棲息する法律家たちは、インターネットが普及した以降の社会における変化のスピードを前にただ呆然と立ち尽くすのみのように見受けられる。第二部では、インターネット社会におけるさまざまな分野の事象について、法とアーキテクチャの設計と協働の観点から考察してみたい。

# 1 音楽

現在、音楽ほど新しい技術や表現、そしてビジネスモデルにとってリトマス試験紙になっている分野もない。あらゆる新しいムーブメントは音楽の分野において先行して起こっているといっても過言ではないからだ。ただし、音楽家がみなが潤っているかといえば、そうではない。このことがそこで起きている大きなシフトチェンジを物語っている。

二〇一二年四月、アメリカ・デトロイトのハウス・ミュージシャン、ムーディーマンの新作EP『Picture This』が無料ダウンロードで公開された。[1] このデトロイトの深海の住人は、無料ダウンロードのようなリリースとは、もっとも遠い位置にいた。学生時代に彼のレコードを、渋谷・宇田川町あたりのレコード店を渡り歩いて探した頃のことを思うと、隔世の感は否めない。

ここには、大きく分けて二つの変容がある。一つは、音楽がCDなどのパッケージからデジタル配信に移行し、宇田川町のレコード街からレコード店というプレイヤーが姿を消したこと（あるいはそれらが実店舗からネットに移動したこと）。もう一つは、ムーディーマンの新作が「無料」で手に入るということである。

インターネット／デジタル技術は、作曲・レコーディングという音楽制作、ユーザーによるリスニング環境だけでなく、音楽データ配信やフリー・ミュージックを氾濫させることになり、レーベル、レコード会社、ディストリビューター、レコード店などで形成される音楽産業までを大きく変容させてしまった。

では、これから音楽はどこへ行くのだろうか？

## サウンドの権利の所在

著作権の世界では、音楽は、メロディ・和声（ハーモニー）・リズム・形式（ミュージカルフォーム）、そして歌詞という要素から成り、著作権侵害が成立するか否かを判断するためには、これらの要素を比較しなければならない（とされている）。

しかし、サンプラーやＤＡＷ（デジタル・オーディオ・ワークステーションの略）のデジタル技術の発達により、音楽に存在するオリジナリティの所在と、権利として法的に保護される部分の所在にズレが生じるようになってきているとの指摘がなされるようになって、すでに短くない年月が経過した。このような状況は、インターネット／デジタル技術により、ますます顕著な様相を呈している。

> 音楽がメロディと歌詞との組み立てではなく、抽象的な音の質感のタペストリーとして作曲され得るという考え方に対処できる確かな法体系はない。――ブライアン・イーノ「音楽の共有[2]」

このイーノの言葉は、日本においても、欧米においても、等しく当てはまる。現在の著作権法は、ポピュラー音楽を含む西洋音楽を前提として立法されており、そこに収まらない音（サウンド）については、「音楽」としての権利保護は受けられない可能性が高い。例えば、イーノ自身の楽曲に存在するアンビエンスやアート・リンゼイのノーチューニングのギターノイズが、どこまで著作物として著作権により保護されるか？という問いに、現行の著作権法やこれまで蓄積されてきた裁判例は明快な解答を用意できない。ここで我々は、著作権という権利が、いかにメロディやコード、ハーモニーといった西洋音楽の構造を前提にしか機能しないかということに思い至るわけである［図1］。

また、デジタル技術と、インターネットによる

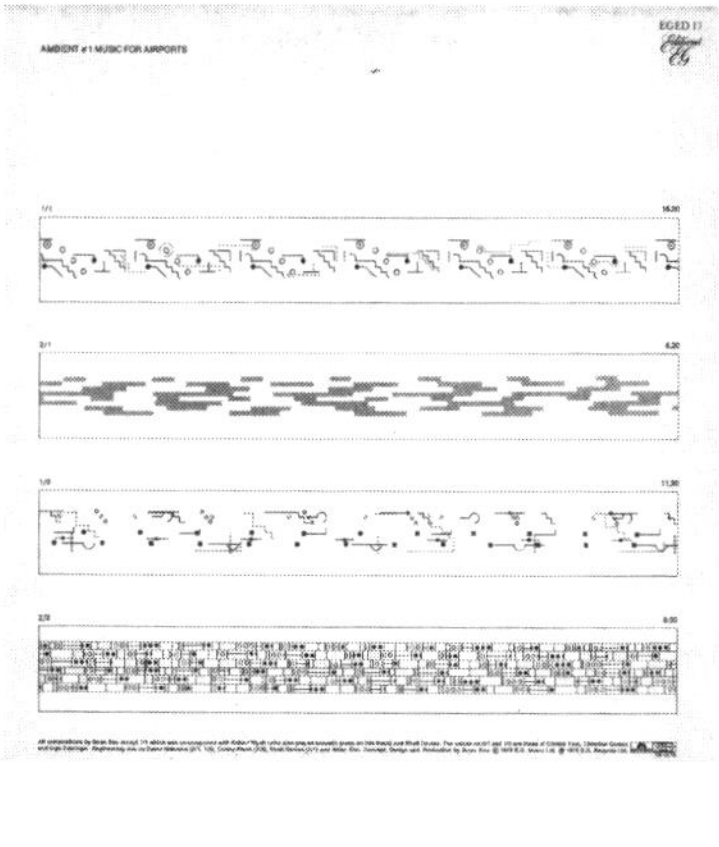


■図1　ブライアン・イーノ『Ambient 1: Music for Airports』の図形楽譜

音楽のアーカイヴまたは検索容易性を前提として、過去の楽曲の引用・参照がより容易になったことにより、既存の楽曲を再生することと新しい楽曲を制作することの境目が曖昧になってきている。実際、『RiP!リミックス宣言』（二〇〇八年）というリミックス・カルチャーと著作権問題を扱った映画における、ミュージシャンGirl Talkの音楽制作や、後述のロサンゼルスのレーベル・DubLab周辺の音楽カルチャーと「音楽のリサイクル」をテーマにしたドキュメンタリー『Secondhand Shureshots』（二〇〇八年）に収録されているデイデラスやラス・Gなどの音楽制作風景を観ると、音楽制作環境のデジタル化によって、既存の楽曲を利用することと新しい楽曲を制作することとの間にオリジナリティの差異は見当たらないということを私たちは目の当たりにすることとなる。

過去の楽曲の大胆なサンプリングは、一九八〇年代後半から一九九〇年代前半にかけて、サンプリングした側が相次いで敗訴したことから、一部高額なライセンス料を支払える有名ミュージシャン以外は使用できなくなり、下火になった（このあたりの事情については、サンプリングと著作権問題にフォーカスした二〇〇九年の映画『コピーライト・クリミナルズ〜音楽は誰のもの?』に詳しい）。そして、著作権の問題によりサンプリングが弾圧された後にミュージシャンに残されたサンプリング手法は、いかに「細かく」するか（バレないようにするか）、または、いかに権利が生じていない部分を発見して切り取るか、の2パターンにならざるを得なくなった。

例えば、ドイツのテクノ・ミュージシャン、ヤン・イェリネックが二〇〇一年に発表した『Loop-finding-Jazz-records』は、このサンプリングに関する問題を象徴するレコードである。このレコードは、さまざまなジャズのレコードのアンビエンス（具体的に言えば、サックスの吹き終わりに残る残響など）のみをサンプルして制作された、まさにタペストリーと言うべき美しいミニマル・ミュージックであった。しかし、一聴しても、このレコードのサンプリング元が往年のジャズのレコードなどということは到底わからない。このレコードは、先に挙げた2パターンである「権利が生じていない部分」を「細かく」サンプリングした、サンプリング・ミュージックの一つの到達点として評価できるとともに、著作権的な観点からみても、音楽制作の現代的変容を切り取った極めて批評的なものだったといえる。

サンプリングに関しては、ともに二〇一六年、マドンナが大ヒット曲「Vogue」に使われたホルンの音をめぐる裁判において勝訴したことや、クラフトワークが彼らの楽曲「Metal on Metal」（一九七七年発表）から二秒間サンプルしたラッパーを訴えていた裁判で敗訴したことで、「一秒でも違法」という法的状況は変わりつつある。

音楽史が進むなかで、メロディやコードといった有限な部分を権利で縛っていけば、やがて作れる音楽はなくなってしまうだろう（少なくとも、自由に使える部分は減っていくのは間違いない）。短期的な視点に基づく著作権の過剰な強化は、一部の権利者を利することはあっても、音楽文化を衰退させ、著作権法の目的である「文化の発展」（著作権法第1条）に反する結果を招来することはすでに自明である（権利の保護以外にも、著作権者に対価を分配する方法はある）。

## リミックス文化の成熟

インターネット／デジタル技術の進化は、音楽リスナーの音楽への「参加」と「公開」の敷居を大きく下げた。これにより、プロだけでなく、アマチュアも、インターネット上で等しくリミックスを公開することができ、時には、プロが制作したリミックスよりもアマチュアが制作したものの方が注目を浴びる事例も出てきた。

先に触れたロサンゼルスの音楽レーベルかつネットラジオ局であるDubLab[図2]は、クリエイティブ・コモンズと共同で「Into Infinity」[3]というリミックス・プロジェクトを行なっている。このプロジェクトは、五〇組近くのミュージシャンからビートを、またアーティストからレコードサイズのビジュアルを提供してもらい、それをインターネット上でユーザーが自由にリミックスし、録音し、それを非営利目的であれば自由に利用できる、という試みである。提供されたビートやビジュアルはクリエイティブ・コモンズ・ライセンスが付与されており、音やビジュアルの創作の連鎖が促されている。この「Into Infinity」だけでなく、カルロス・ニーニョによる新旧のミュージシャンを招聘するジャズ・プロジェクト、ビルド・アン・アークや、映像作家B+らによる音楽ジャンルと世代を超えていく瞬間を捉える『Keepintime』や『Timeless』などの映像シリーズなどでも明らかなように、DubLab周辺の活動

■図2　DubLab (http://dublab.com/)

は、音楽文化の地域的な交配、新旧の人的交配が強く意識されており、今世界でもっとも豊潤なサウンドを生み出していると感じる。ここでは、音をリサイクルすることで、サウンドとして何度でも甦らせること、言わば「音のリサイクル」といったことが企図されているのだ。

また、日本における事例としては、テクノ・ポップ・ユニットPerfumeが、モーションデータや音楽データ、ボディ・スキャンデータなどをオープンソースにして公開する試みが注目された。これまで、音楽におけるオープンソースのプロジェクトは、初音ミクのようなキャラクターものか、一部の作家性の強いミュージシャンが取り入れるにとどまってきたが、このPerfumeによるプロジェクトは、ポップ・ミュージックにおけるオープンソースの試みとして画期的な先例と言えるだろう―図3―。

このプロジェクトは、YouTube等の映像プラットフォーム上に多くの二次創作を生み出しただけでなく、ソフトウェア開発のプロジェクト管理システムであるGithub上では、技術者同士の技術的な側面からのやり取りも繰り広げられているという多方向のプロジェクトになっている。

同じく著作権を緩めることによって世界的な盛り上がりを見せている初音ミクと共に（初音ミクを販売しているクリプトン・フューチャー・メディアは、初音ミクを使った動画などの二次創作について、「無償公開」や「登録したうえで、材料費程度の価格で頒布」することを公式に認めている)、日本のコンテンツを海外へ輸出する新しい手法としても先鞭をつけたと言えよう(公開されたPerfumeのモーションデータを使って初音ミクを躍らせるMAD映像を観たときには万感の思いがあった)。

このような、一方向・単発的なリミックスではなく、より同時多発的かつ双方向なリミックス文化の加速は、インターネット/デジタル技術によるリミックス文化の成熟、そして時代が「複製の時代」から「改変の時代」へ移行してきていることを示している。

そもそも、音楽に限らず、なんらかの創作的行為がゼロから何かを生み出すものだという前提に、私は懐疑的である。クラシック音楽ですら、楽譜

■図3 Perfume "Global Site" (http://www.perfume-global.com/)

という ソースを後の解釈者が各々に翻案していくという二次創作の文化である(この極めてシンプルかつ自明な事実すら指摘されることは今まであまりなかったように思う)。「人間はゼロから何かを生み出すことはできない」という一種の諦念、いや、事実をインターネット/デジタル技術はあけっぴろげに露わにしてしまったにすぎない。

## 音楽の「所有」から「共有」へ

ここまで、サウンドの権利の所在や、リミックス文化の成熟について触れてきたが、インターネット/デジタル技術による音楽の変容として、より大きなものとしては、音楽がCDなどのパッケージという有体物から、デジタルデータという無体物という形に移行したことによるものだろう。Apple社が二〇〇三年にリリースしたiTunes Music Store(iTMS)は、iPodというツールとともに、音楽の受容の在り方をパッケージ購入からデジタル配信に急速に移行させた。

現在、米国ではSpotify、Apple社によるApple Music、Pandoraといったストリーミング・サービスが隆盛している。このようなストリーミング・サービスの隆盛の背後には、MP3というファイルフォーマットなどさまざまな要因が考えられるが、[4] Napsterが魅せたユートピアとそのサービスの挫折がある。Napsterは、当時若干一九歳の学生であったショーン・ファニングが一九九九年に発表した、P2Pファイル共有技術を利用して、ユーザー間であらゆる音楽を「共有」し、そこから自由にダウンロードさせてしまうというサービスであった。iTMSは音楽データにお金を払い、音楽（データ）を「所有」する仕組みと言うことができるが、Napsterは、もはや音楽を「所有」するのではなく、一人では到底集められないような、膨大な音楽のコレクションをユーザー間で「共有」するという「夢」を見せてしまった。

しかし、Napsterは、二〇〇〇年代初頭から、全米レコード協会（RIAA）やレコード会社、著作権管理団体から相次いで訴訟を提起され、それらの争いにことごとく敗訴し、頓挫してしまった（ただし、当時のNapsterの内部事情を克明に描き出した『ナップスター狂想曲』[5]を読むと、Napsterが失敗した原因が決して権利的な問題だけではないことがわかる）。

そこで、Napsterが一時的にも魅せてしまったユートピアを権利的にクリアするべく出てきたサービスが、先述したストリーミング・サービスである。これらのサービスは、ユーザーに楽曲をダウンロードさせ「所有」させるサービスを提供させるのではなく、ストリーミング、つまり「利用」させるサービスを行なっている。Spotifyは、ユニバーサル、ソニー、EMI、ワーナー等のレコード会社から膨大な楽曲についてストリーミングのライセンスを受けており、Spotifyが登場した際には「バッハからビョークまで」という謳い文句が踊っていた。

## 日本における原盤権の問題

このような欧米の音楽におけるストリーミング・サービスや、「所有」から「共有」または「利用」へという流れは、日本にも徐々に浸透してきているが、欧米にはやや遅れをとっている（Spotifyが正式にローンチしたのは二〇一六年のことである）。その最たる要因が、権利、ライセンスの問題であると言われている。

アメリカでは全米レコード協会が中心となって、二〇〇〇年に「SoundExchange」という、著作権から原盤権までを一括して簡易に権利処理できるスキームを作った。また、アメリカには、レコード会社からのライセンスの「カタログ」を集め、それ再ライセンスすることをビジネスにしている会社が存在する（例えばTurntableが契約しているMedianetなど）。

一方、日本では、音楽著作権はＪＡＳＲＡＣ（日本音楽著作権協会）が管理しているが、原盤権（日本では「レコード製作者の権利」というのが正式名称である）はレコード制作に資金を拠出したレコード会社、音楽出版社、ミュージシャン自身がそれぞれ独自に、または共有して管理している。しかしながら、日本には、原盤権を一括して管理運用できるような機関は存在しない。したがって、音楽サービスを行なうためには、著作権についてJASRACに許可を得たうえで、上記のような原盤権利者をまず探し出し、そのうえで、彼らと交渉し、多くの場合対価を支払わなければならない。このような気が遠くなるような状況から、日本でも、海外のように原盤権を一括して管理運用できるような仕組みを切望する意見は後を絶たない。また、日本では、音楽のレンタル産業が未だ幅を利かせていることも歯止めになっているという指摘もある。もっとも、音楽の「レンタル」は、実は「共有」の一つの形態でもあるとも考えられるので（その意味では日本ではすでに欧米とは違った独自の音楽「共有」の仕組みがあったという言い方も可能である）、日本における独自の音楽レンタル産業が、欧米の音楽「共有」の流れと今後どう邂逅していくかは、興味深い問題である。

そもそも原盤権は、レコード制作に莫大な制作費がかかることから、レコード製作者に特別な保護を与えるために立法されたものである。しかし、レコード制作が安価で可能になった今の時代に、本当に原盤権という権利が必要なのか、必要であるならばその権利の形は今のままでよいのか、そもそもＤＡＷ環境ではマスターもデジタル音源であり「原盤」にあたるマスターテープが存在しないのではないか、などということが再考されてもよいように思う。

## 音楽体験の共有

また、音楽の「所有」から「共有」へという流れは、リスナーの音楽受容の在り方について、ただ「聴く」だけではなく、音楽を「体験する」ことへと緩やかに変容させている。

ＣＤ等の音楽のパッケージの消費が急激に落ち込む一方で、ライブや野外フェスティバルの動員数は逆に増えているという指摘が二〇〇〇年代初頭からなされるようになった。これは、音楽受容が「聴く」だけでなく「体験」へと移行しているというわかりやすい現れといえよう。

マドンナは、二〇一〇年に、これまで長期にわたって所属していたレコード会社を離れ、コンサート運営会社の大手ライブ・ネーションと、総額一億二〇〇〇万ドル（約一四〇億円）の包括的契約を締結したと発表した。報道によれば、契約期間の一〇年間、ライブ・ネーションはマドンナのスタジオ・アルバム三枚の権利やコンサートツアーのプロモート権のほか、関連商品の販売権などを獲得する代わりに、マドンナ側は金銭および株式を受け取るという契約形態だという。その後、Ｕ2やJay-Zも同様の契約を結んだことが発表されたが、ＣＤの売上げが減少し続けている現状において、これまでCDの売上げに頼ってきたメジャー・ミュージシャンたちは、CDの売上げに頼らない、契約形態に移行していくだろう。日本でも、ライブ運営会社と契約とまではいかないが、レコード会社との間の契約ではCDの売上げに頼らない包括的契約が増えている。これまではライブがCDのプロモーションの場だったが、もはやCDがライブのプロモーションである、という位置付けも共通認識になってきている。

ライブや野外音楽フェスティバルの隆盛以外にも、都市における音楽体験を提供する試みとしては、ロンドンで始まり、ここ日本でもローンチしたMusicityというプロジェクトが興味深い。このプロジェクトは、その場所に行けば無料でその場所に因んだ音楽をストリーミングで聴くことができ、また、家に帰ってからアクセス履歴と照合することによって、音楽データをダウンロードすることもできるというものである。「サウンドスケープ」という言葉があるが、都市の中でその場所でしか聴けない音を見つけることは、まさに文字通り、都市に溶けていく音を体感できる仕組みになっている。都市体験と音楽体験をデジタル技術によりクロスオーバーさせる興味深い試みといえよう。

英国のBoiler Roomや日本におけるDOMMUNEといったクラブという場とリアルタイム動画配信を合わせた取組みは、クラブという都市における音楽「体験」を、ソーシャルメディアを利用して、リスナー一人一人の部屋に持ち込むという都市型音楽体験の共有という側面もある。

上述した野外音楽フェスも、例えば、アメリカのコーチェラ・フェスティバルやイギリスのグラストンベリー・フェスティバルが顕著なように、Ustream等のソーシャルメディアを駆使して、フェスの興奮をリアルタイムに世界中に配信している。ソーシャルメディアの発達により、場所、国境、時間を超えて音楽体験を共有することがこれまで以上に容易になり、音楽はより「体験的」な対象に移行している状況がある。この状況はVR技術の発達・普及によりさらに進行するだろう。

## ブラード・ラインズ事件（サウンドの権利の行方）

ロビン・シックとファレル・ウィリアムスによる二〇一三年発表のヒット曲「Blurred Lines」が、マーヴィン・ゲイの著名曲「Got to Give It Up」の著作権を侵害しているとして、ゲイの遺族がシックやウィリアムスを訴え、シック／ウィリアムス側が敗訴するという事件が二〇一五年に起こり注目を集めた。

この訴訟の最大の争点は、パーカッションやボーカルの声質や歌い方、シンプルに繰り返されるベースのフレーズなどの「サウンド」を構成する要素やその組み合わせで生み出されるグルーヴに楽曲の著作権が発生するか、という点である。

ゲイの遺族の代理人は、シックらがサウンド・レコーディングから生み出される音楽的な構成要素をコピーしたと著作権侵害を主張。このような楽曲の著作権侵害においてしばしば使われる類似性判定の手法（類似部分のフレーズの長さを同じ長さに調整した楽譜を並べて音の高さの一致する程度を数量的に計測する手法）は利用せず、シックの過去作にゲイの楽曲の無断引用が行なわれていることや、リリース当時にゲイの同曲を意識して作った等と話すインタビュー映像などを証拠として提出した。一方、シックらの代理人は、「過去の判例上、楽曲の著作権の対象は譜面上に表現できる要素（ほとんどの場合メロディ＋α）に限定され、パーカッションやボーカルなどが生み出すフィーリングには発生しない。いかにマーヴィン・ゲイが天才であっても、誰もジャンルやスタイル、グルーヴといったものを独占することはできないはずだ」という旨の反論を展開した。

サンプリングしたわけでもなく、キーもメジャー／マイナーというコード進行も全く異なるにもかかわらず、曲のグルーヴや「雰囲気」、フィーリングが似ているという同曲が盗作扱いされれば、これはたしかに今後、音楽家に多大な萎縮効果を与えることになる。ウィリアムスらの言葉を借りれば、「音楽にとって恐ろしい前例であり、クリエイティビティは後退することになる」ということになりかねない。報道によると、マーヴィン・ゲイの遺族は弁護士費用や訴訟費用の一部を追加で請求したことや、裁判所が以後のロイヤリティ五〇％を遺族に支払うよう求めたのに対し、二〇一六年十二月シックとウィリアムスが控訴したとのことである。

控訴で判断が覆る可能性もあるし、筆者も上記判決には反対の立場である。だが、ここではあえて別の論点を指摘してみたい。

それは、音楽の著作権（のうちの楽曲の著作権）が発生する部分が本当に譜面に表現できるような部分、すなわち、旋律（メロディ）、和声（ハーモニー）、リズム・テンポなどの部分に限られてしまっていいのだろうか、という点である。

楽曲の著作権の対象がなぜ譜面で表現できるような部分に限定されるのか、その理由を端的に言えば、それは前述のとおり音楽産業が西洋音楽中心のなかで発達してきたから、といえるだろう。しかし、メロディなど「譜面で表現できる部分」という部分は有限である。現代の音楽家は、この有限性を前提に、いかにそれを再利用し、他の音楽的な要素と組み合せることによって、新しいグルーヴやフィーリング、アンビエンスといったものを生み出すか、といった勝負になっている（ここについては私見が多分に含まれているかもしれない）。一部の敏感な音楽家たちが民族音楽などとのマッチングに新しい音楽の「活路」を見出すことが多いのは、そのような意味での西洋音楽の有限性にない、「コモンズ」の部分に魅力を感じるのではないか、とも捉えることが可能ではないかとすら感じられる。

このように考えてみると、現代の楽曲の創作性として、グルーヴやフィーリング、アンビエンスといったものも含まれるべきだ、含まれるとしてどの程度保護されるべきか、といった検討や主張は一定の正当性を持つようにも思われる（ブラード・ラインズ事件においてゲイの遺族の代理人はこのような主張をしているわけではないようだが、私がゲイ側の代理人であればこのような主張も加えるだろう）。後行者が自由に利用できる音楽のコモンズを確保する観点からすれば、音楽の著作権が発生する部分をむやみに拡大すべきではない。その一方で、音楽の著作権の枠組みが譜面に代表される伝統的な西洋音楽を前提にしたままでよいのか。「サウンド」によりフォーカスが当たるようになってきている現在の音楽的傾向において、「サウンド」の創作性をいかに考えるべきか。ブラード・ラインズ事件には、このような奥深い問題も潜んでいるように感じられるのである。ブラード・ラインズ事件以降も、二〇一五年には、マーク・ロンソンがブルーノ・マーズをボーカルに迎えた大ヒット曲「Uptown Funk」について、楽曲の著作権に関するクレジットが当初四名だったのが、その後権利を主張する者が次々と現れ、最終的には十一名にまで増加したということが起こっている。このような事態は、ポップ・ミュージックの引用と共有の歴史を危機的な状況に陥らせかねない。

## 音楽のソフトウェア化

ベルリンの音楽家であるオヴァルことマーカス・ポップは、二〇〇〇年に発表したアルバム『Ovalprocess』において、もはや音楽を定義するのはシンセサイザーでもMIDIでもなくソフトウェアであると、自ら制作したアルバム名と同じ名前のソフトウェアのみで制作された作品におい

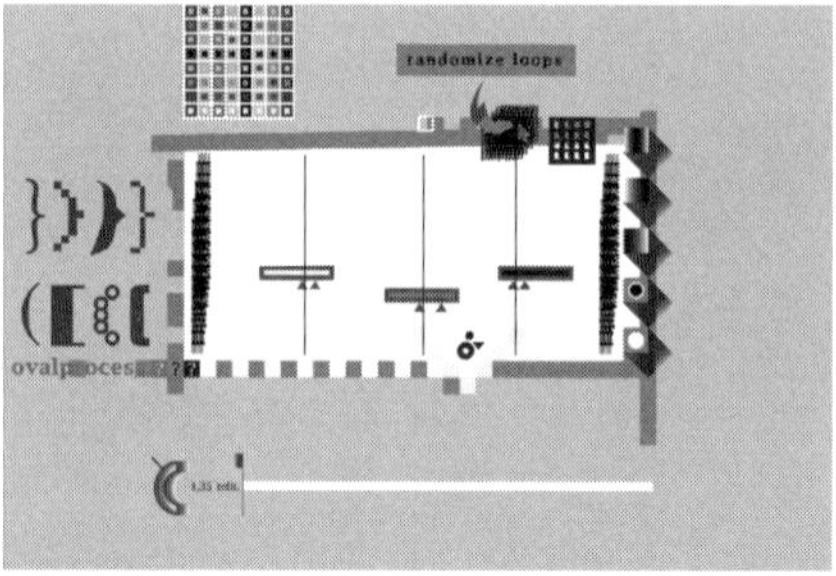


■図4　Ovalprocessの操作画面
http://wecurious.com/work/ovalprocess/process.html

て喝破した［図4］。その後、ソフトウェアを自作する多くの音楽家が登場し、Max／MSPは自作のパッチを自在に作成することができる利便性から現在も多くの音楽家に愛好されている。Protools等のDAWにより音楽制作のデジタル化にとどまらず、電子音楽の分野では音楽制作はプログラマティックに変容している。利用しているソフトウェアによって音の質感・音色が規定されていることも少なくない。

このような制作環境の変化は、作品にもその影響が顕出されているように思われる。二〇一六年にカニエ・ウェストがリリースした七枚目のアルバム『The Life of Pablo』は、当初、Jay-Zが運営する音楽サブスクリプションサービス「Tidal」のみでのリリースだったが、その後、新曲や新しいアレンジが次々に加わり、アップデートを繰り返している［図5］。カニエ自身「これは生きているアルバムだ」と話しているように、完成形がなく、アップデートされていくとすれば、音楽のパッケージ（化）に対する観念を大幅に変更せざるを得ないだろう。オヴァルの予言通り、音楽はアップデートを繰り返すソフトウェアのようになってくるのかもしれない。翻ってクラシック音楽について考えてみると、その時代その時代に合わせて解釈されアレンジされ、アップデートされる。オヴァルの言葉を待たずとも、音楽は以前から「ソフトウェア的」であったのかもしれない。

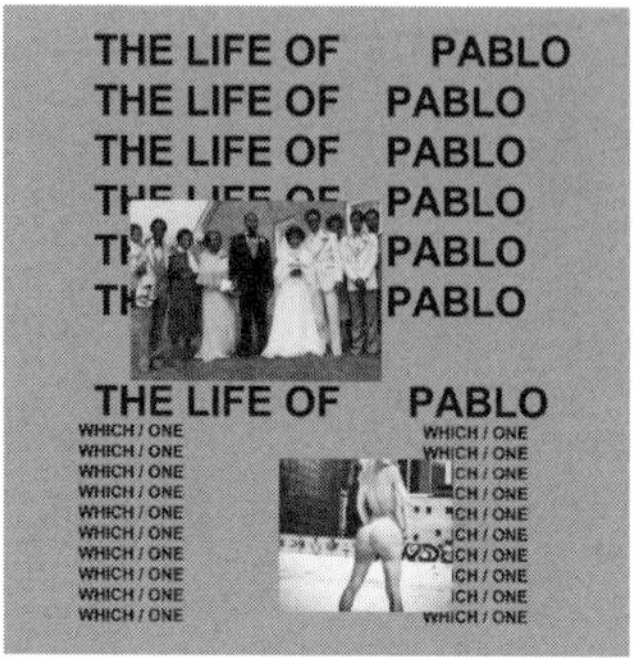


■図5　カニエ・ウェスト『The Life of Pablo』（https://listen.tidal.com/album/57273408）

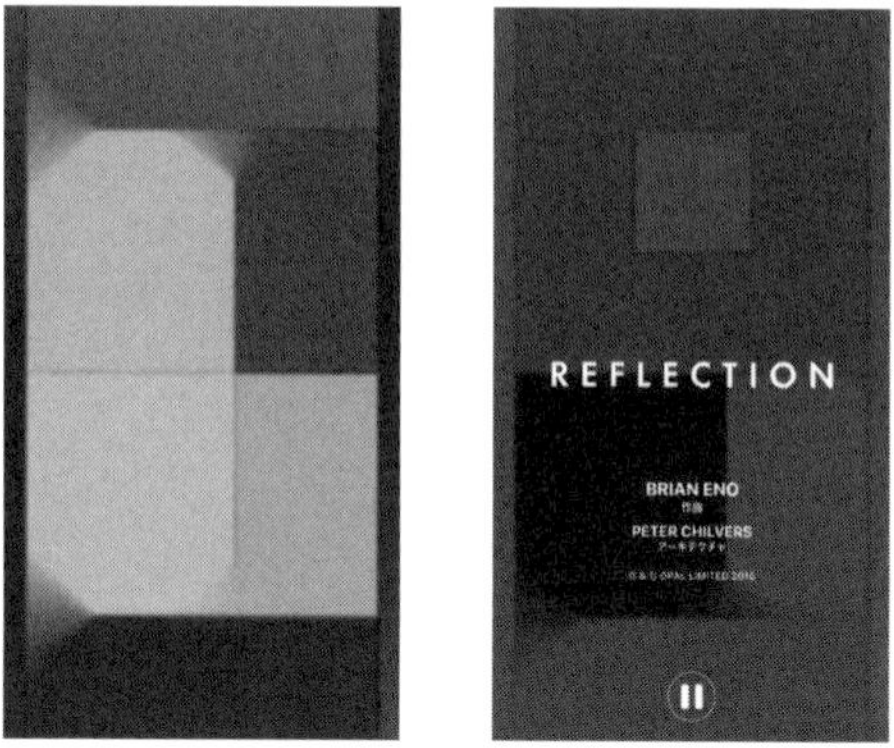


■図6　ブライアン・イーノ『Reflection』の「デラックスジェネラティヴ・バージョン」としてリリースされた同名のiOSアプリ（スクリーンショット）

カニエ・ウェストに続くように、本項でたびたび発言を引用している音楽家ブライアン・イーノは、自身の代名詞であるアンビエント作品『Reflection』において、同名の音楽アルバムと、iOSのアプリをリリースした［図6］。アルバムは、パッケージ化された通常の音楽作品であるが、アプリは、同名のアルバムに含まれる曲のパーツをリバース・エンジニアリングしてパーツに分解し、一日のなかの時間帯や一年のなかの時期といったパラメーターによって、音のパーツが再生される。そのため、再生するたびに異なる音楽が奏でられ、二度と同じ音楽は繰り返されないという作品になっているという[6]。イーノは、このアプリ作品を「流れゆく川のほとりに腰をおろしているような体験」であり、自らがずっとやりたかった「生成音楽(generative music)」だと語っている。

## インターネット／デジタル時代の音楽の在り方とは

二〇一二年まで時計を戻すが、日本のインストゥルメンタル・バンド、サンガツが、今後の楽曲に関して、著作権の放棄または不行使を宣言して注目を浴びた[7]。サンガツは「音楽はクックパッドになっていく」、「iTMSやSpotifyよりもクックパッドの方が先に行っているのでは?」

などという発言をしている。彼らはここ数年、楽曲を解体し、楽曲と空間の境目を曖昧にするようなライブ・パフォーマンスや、図形楽譜などを用い、楽曲のつくり方をつくる「Catch and Throw」などといったプロジェクトを行なってきた。[8] それらには、単に「ユーザー参加型音楽」といったものにはとどまらない、音楽の発信・受容の在り方、さらに音楽そのものに対する批評的なまなざしがあるように感じられる。同時に、彼らは音源をレコード化することもやめていくとも述べており、音楽がレコードというフォーマットに閉じ込められることに窮屈な感覚を持っていることは容易に予測できる。ここには、先に述べた「レコード」概念への疑念とともに、音楽には楽曲や音源を「聴く」だけではなく、その先にもっとさまざまな音の「楽」しみ方があるのでは?という可能性への訴求があるように感じられる。

インターネット／デジタル時代における音楽をめぐる環境は、極めて複雑に入り組んでいる。そのように複雑に入り組んでいるがゆえに、この時代に音楽による表現活動を真摯に行なえば行なうほど、権利の問題にぶち当たる。良いか悪いか置いておいて、そういう時代にあるということなのだろう。

最後に、再びブライアン・イーノの言葉を引用したい。

この〔音楽に関する権利の帰属や収益の配分に関する〕見直しは、それぞれ実は、文化的な価値がどう作られるのか、異なる文化的な価値がどこからくるとわれわれが考えているのか、異なる文化的な価値の相互関係はどういうものなのかということに関する、新しい見方なのである。だからこれらは最終的には、「オレはいくらもらえるの?」というつまらない問いではないのだ。――ブライアン・イーノ「音楽の共有」(〔 〕内は筆者による補足)

イーノも言うように、現在音楽を取り囲んでいる問題の考察は、決して音楽に限った話ではなく、我々の文化全体の問題でもある。にもかかわらず、昨今の音楽をめぐる議論は、文化的な価値の探求をよそに、配信技術やプラットフォームの是非、そこに立ちはだかる権利の問題等にフォーカスされすぎているように思う。

インターネット/デジタル時代における音楽の在り方について、何か解答めいたことを用意できればと考え、本稿を書き出したが、現段階で筆者はその答えを持たない。しかし、私は、DubLabに代表されるロサンゼルスに、映画『ブエナ・ビスタ・ソシアル・クラブ』(ヴィム・ヴェンダース監督)にみられたキューバに、もっと言えば『サウダーヂ』(富田克也監督)にみられた甲府という閉塞感極まりない場所でも、車にサウンドシステムを積んで田んぼの横で踊るブラジル人たちに、音楽文化の豊かさを感じてしまうのである。

二〇世紀を生きてきた私たちは、これまで音楽を「所有」することに躍起になってきた。だが、「音楽」という文字のごとく、音を楽しむ行為は決して「所有」して「聴く」だけにはとどまらない。音楽を自分以外の誰かと一緒に聴いたり、ライブをリアルに体験したり、ライブの配信を別の場所で観てみたり、自ら音楽を制作してみたり、それをネット上で公開し、あなたの知らない第三者に聴かせて、交流することもできる。これまで以上に素早く、簡単に。インターネット／デジタル技術は、音楽に「所有」して「聴く」以外にもさまざまな可能性が内在しているという、言われてみたら当たり前の事実を露見した。

また、Sound CloudやBandcampなどのネット上の音楽プラットフォームを少し探れば、これまで聴いたことのないような世界中のミュージシャンたちの音楽が溢れ、これらのミュージシャンとリスナーが直接つながれる時代になっている。パッケージとしての音楽の消費は落ち込んでおり、音楽産業について悲観的な物言いばかりがされているが、それでも音楽に対する興味や関心は衰えるどころか、一人のユーザーの視点からは、さらに活性化しているようにも思える状況がある。そこには、音楽は鳴りやまない、という希望がある。

音楽を「所有」という概念や「聴く」という行為から解き放つこと。音楽の送り手と受け手の境界が曖昧になり、音楽が都市、空間、そして生活により溶け合っていくこと。非常に抽象的だが、そのように「音」をより広い意味で「楽」しむことの先に、より豊かな音楽文化が広がっているのではないか。そんなことをぼんやりと考えている。

—1—Moodymann『Picture This』: http://www.scionav.com/collection/947（二〇一七年一月現在アクセス不可）
—2—ブライアン・イーノ「音楽の共有」は『A Year』（山形浩生訳、ＰＡＲＣＯ出版、一九九八年）所収。
—3—Into Infinity : http://intoinfinity.org/ Infinty Loops : http://infinityloops.cc/
—4—この点については、スティーヴン・ウィット『誰が音楽をタダにした?——巨大産業をぶっ潰した男たち』（関美和訳、早川書房、二〇一六年）の議論が参考になる。
—5—ジョセフ・メン『ナップスター狂想曲』（合原弘子他訳、ソフトバンククリエイティブ、二〇〇三年）
—6—http://wired.jp/2017/01/01/reflection-app-review/
—7—http://sangatsu.com/blog/archives/480
—8—http://sangatsu.com/cat/about

# 2　二次創作

## パロディ、UGCの氾濫

インターネットの普及により、従来であれば「著作権侵害」と揶揄されかねなかったパロディや、個人が生成する二次創作等のコンテンツ、いわゆるUGC（User-Generated Contents）が爆発的に増加し、これらがプロのクリエイターが生み出す作品と比肩するか、場合によっては凌駕するほどの、無視できない文化的生成物として扱われる例が目立ってきている。それだけでなく、これらの「野生のクリエイター」たちが生成する二次創作物が、元となった作品の普及を促進したり、創作的な刺激をもたらしたりする例が増えている。

アメリカのヒップホップ・ミュージシャン、ファレル・ウィリアムスの楽曲「HAPPY」は、世界中のユーザーにより楽曲に合わせてダンスする動画が作られ、大ヒットした。[1]この現象に目をつけた神奈川県[2]は、海外に向けて県内の観光地や食文化等の観光をPRするために、黒岩祐治知事や職員、県民などが笑顔で踊る動画を制作し、「HAPPY」の著作権の管理を米国法人から委託されているユニバーサル・ミュージック・パブリッシング合同会社に利用を申請した。しかし、著作権使用料の金額面で合意に至らなかった。[3]

## 「放置」または「黙認」されるパロディ、UGC

法律家の視点からは、許諾なしの段階で動画の制作を開始してしまった神奈川県は性急に過ぎるようにも思える。しかしながら、これは「HAPPY」や「恋するフォーチュンクッキー」などのヒットの裏側に存在する特殊な法的環境に原因があると考えることができる。パロディ、UGC群の多くは、元の楽曲の利用条件が明示されているわけではなく、権利者から利用許諾を明確に得ているものは少ない。[4]それらが削除されずに残っているのは、権利者があえてグレーゾーンのまま「放置」または黙示の承諾としての「黙認」をしているからである。

ここでは、形式的には著作権侵害になり得るものであっても、作品のプロモーションや収益化につながるものか否かを権利者が冷静に判断したうえで、都合のよいものは「放置」または「黙認」し、都合の悪いものは削除申請するという知財戦略が選択されている。

## パロディ、二次創作に関する現状の法規制

日本の著作権法には、パロディや二次創作それ自体を許容する規定は存在しない。また、明瞭区別性、主従関係を「引用」(著作権法32条1項)の要件として求めたパロディ・モンタージュ写真事件[5]を前提にすると、パロディや二次創作という表現手法は、日本では適法に行なうことが困難である。一方で、動画共有サイトなどにおいては、大量のパロディ・二次創作作品がアップロードされ、氾濫している実態と法制度との間の乖離が進んでいる。近年、知財高裁などの下級審が「引用」の要件について、上記最高裁の判断にとらわれず、条文の文言に従った柔軟な判断枠組みを示し始めてはいるが、それでも「引用」の規定で対応できるパロディや二次創作はそれほど多くないと考えられる。フリーライドは慎重に除く必要があるが、実態と

の乖離を是正するためには、フランスのようなパロディ規定やフェアユース規定のような法整備が必要ではないかという声は多い。だが、この分野においてロビー活動を進める力を持ったプレイヤーが少ないことなどから、法改正にまでは至っていないのが現在の概況である。

## 動画共有サービスの「アーキテクチャ」

「HAPPY」の以前にも、アイドルグループＡＫＢ48の楽曲「恋するフォーチュンクッキー」のダンス動画の投稿が流行したり、ディズニー映画『アナと雪の女王』の主題歌「Let It Go」の楽曲に合わせてキャラクターの振付を口パクで踊るパロディ動画が、世界中で制作、アップロードされ、話題を呼んだ。「HAPPY」「恋するフォーチュンクッキー」「Let It Go」拡散の主な舞台となっているのは「YouTube」である。近年、従来権利に厳しい姿勢をとってきた企業であっても、これらの楽曲のように、パロディ、ＵＧＣを受け入れることができるようになってきた背景には、プラットフォーム側の仕組み・アーキテクチャが整備されてきたことも大きな要因である。

その一つが、「包括的利用許諾契約」というプラットフォーム側の法的なアーキテクチャである。YouTubeなどの主要な動画共有サービスは、音楽著作権管理事業者との包括的利用許諾契約により、パロディやＵＧＣをアップロードする際に、ユーザー個人が権利処理をする必要がなくなった。[6] ただし、包括契約はあくまで著作権に関するものなので、原盤権などの著作隣接権については、原則として未だ権利処理が必要になる。

もう一つ重要なアーキテクチャが、二〇〇七年からYouTubeに導入された「コンテンツＩＤ」という機能である。これは、動画認証技術や音声認証技術によって動画や音声にＩＤを付け、そのＩＤに基づいてアップロードされた動画を一つ一つ認証していくという技術とその仕組みである。コンテンツＩＤを利用する場合、著作権者は自身のコンテンツの参照ファイル（音楽や画像、動画など）をYouTubeに登録する。ユーザーが著作権に関わる内容を含む動画をYouTubeにアップロードするとデータベースの内容と照合され、著作権侵害があった場合には権利者に通知が届くようになっている。この場合、著作権者には以下の三つの選択肢がある。[7]

①閲覧できないよう動画全体をブロックする

②動画に広告が表示されるようにして収益化する（自らの収益にする）
③その動画の再生に関する統計情報を追跡する（黙認する）

Googleは、映像コンテンツを瞬時に世界中に広げることができるYouTubeという仕組みに、このような著作権者の利益を守る仕組みをプリセットし、権利者にとって実行容易な環境を提供することで、オープン（コンテンツの流通促進）とクローズド（権利者の権利保護）のバランスを図る仕組みを設計しているのである。これは第一部で述べたアーキテクチャの設計・デザインそのものであるといえるだろう。[8] このような仕組みはFacebookや他のプラットフォームでも導入の可能性が示唆されている。そればかりか、ＥＵではＵＧＣのプラットフォーム事業者に対してコンテンツＩＤと同様のシステムを備えることを法的に義務化しようという動きまである。

法律家は、法的な仕組みにのみ注視し、法的な手段のみで解決しようとしがちである。だが重要なことは、インターネットを活用したサービスの設計においては、法律や契約といった法とアーキテクチャの設計と絶え間ない協働が不可欠だという事実である。

## 初音ミクのライセンス構造

初音ミクはよく「オープン」とか「オープンソース」だとか言われるが、その言葉通り受け取ることは誤りである。たしかに、初音ミクはイラスト部分がピアプロ・キャラクター・ライセンスあるいはクリエイティブ・コモンズ・ライセンス：表示‐非営利（CC BY-NC）という条件でオープン化されている。しかし、初音ミクはイラストのみから成っているわけではなく、ボーカロイドとしての音声ソフトウェアの部分が存在する。そして、このソフトウェアの部分についてはしっかり権利保護がなされたプロプライエタリ（proprietary）なソフトウェアである。初音ミクは、イラスト部分のオープン化によりアクセシビリティとエンゲージメントを図り世界中に広げつつ、このソフトウェアの部分でしっかりとマネタイズがなされている［図1］。このようなライセンス設計は当初から意識されていたわけではないそうだ。ニコニコ動画のアーキテクチャにより初音ミクのMADが量産されるのを眺めるなかで、このような動きとビジネスとしてのマネタイズをなんとか両立させたいという思いがあり、さまざまな試行錯誤を行ないながら、現在の初音ミクのライセンス構造に結実したという。偶発的な事情もあったとはいえ、ニコニコ動画のアーキテクチャとライセンス設計によるオープン・クローズ戦略の賜物といえるだろう。

このように優れたオープン化の事例は、その裏に緻密なオープン・クローズ戦略とライセンスの設計が施されていることが多い。

## 「恋ダンス」のライセンス構造

二〇一六年に星野源と新垣結衣が出演したテレビドラマ『逃げるは恥だが役に立つ』では、主題歌である星野源「恋」の楽曲に合わせて出演者が踊る「恋ダンス」が人気となった。そのような状況を追認するように、星野の所属するスピードスター・レコーズ（ビクターエンタテインメント）が、「恋ダンス」動画に楽曲を利用するかぎりは動画削除手続きをしない、という対応を取り

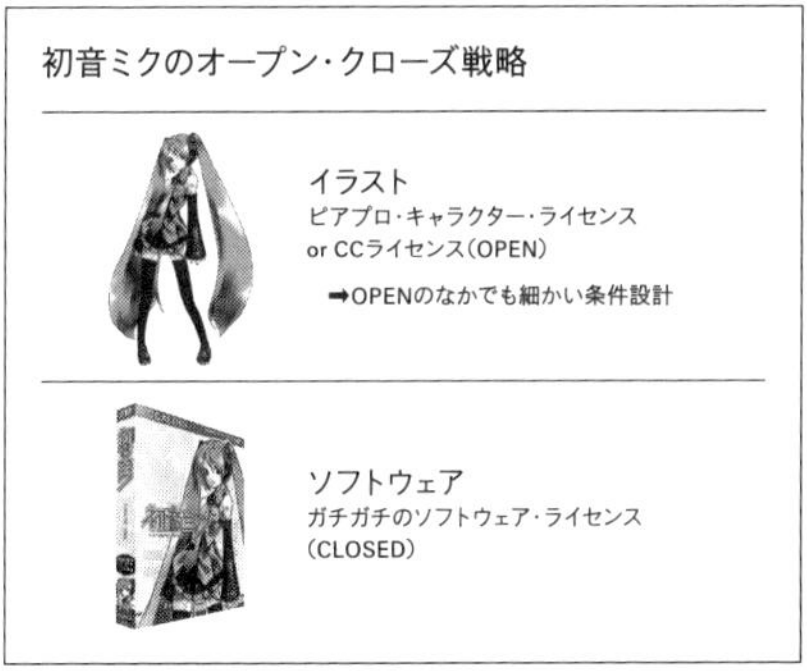

初音ミクのオープン・クローズ戦略
イラスト
ピアプロ・キャラクター・ライセンス
or CCライセンス（OPEN）
➡OPENのなかでも細かい条件設計
ソフトウェア
ガチガチのソフトウェア・ライセンス
（CLOSED）

■図1 初音ミクのオープン・クローズ戦略

注目を集めた。「恋するフォーチュンクッキー」やファレルの「HAPPY」などは、先述のとおり、黙認の形にとどまることが多かったが、「恋」の楽曲およびダンス（振付）に関しては、積極的にライセンスする方針を採用したといえる。

動画削除の手続きをしない条件としては、

- 「恋ダンス」動画に利用すること
- CDや配信で購入した音楽を使用していること
- ドラマのエンディングと同様の九〇秒程度であること
- ドラマ放送期間中であること
- YouTubeであること
- 動画を営利目的では利用する等、利用方法が不適切であると判断されないこと

が挙げられている。[9]

ここでは、「動画削除の手続きをしない」ことが、楽曲の利用許諾を意味するのか、ドラマ放送期間後の取扱いをどうするのか興味深いが、YouTubeに限定しているのは、すでに紹介したYouTubeのコンテンツIDというアーキテクチャの仕組みにより収益確保が可能だからだと見るべきであろう。インターネットを始めとするコンテンツの流通（オープン）と権利保護（クローズ）のバランスが緻密に設計されていることが見て取れる［図2］。

## 「放置」か、「黙認」か、ライセンス契約か

インターネット以降のオープン化に対するスタンスの取り方は、誰にとっても不可避な課題とな

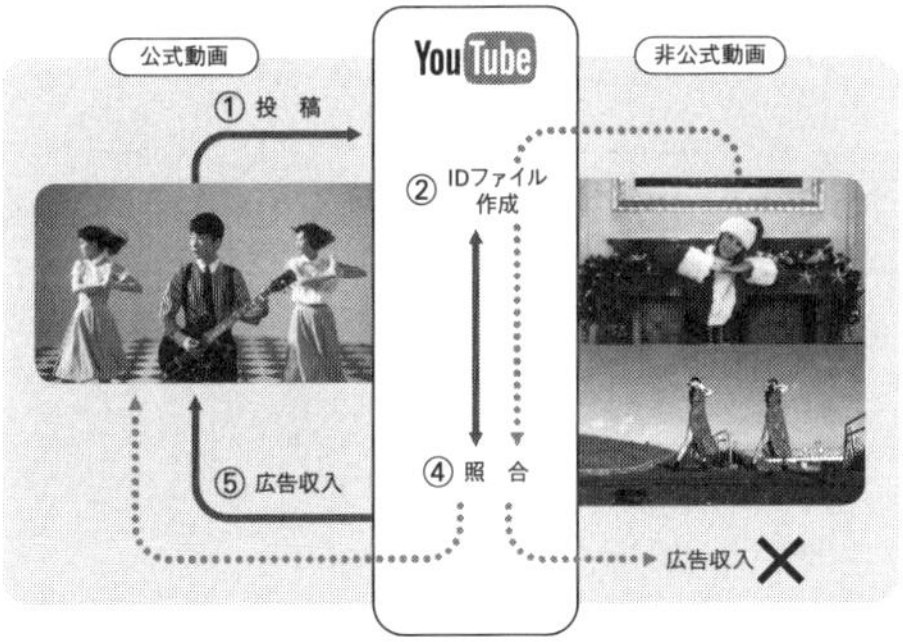


■図2　コンテンツIDのしくみ
・星野源「恋」【MUSIC VIDEO & 特典DVD予告編】
https://www.youtube.com/watch?v=jhOVibLEDhA
・恋ダンス「アメリカ大使館・領事館バージョン」
https://www.youtube.com/watch?v=7xuXlpvWwlI
・OKURA × MARU「恋ダンス踊ってみた」
https://www.youtube.com/watch?v=djYlJjqh934

っている。そして、権利者も著作権の保護にこだわることが賢明でないケースがあることによ
うやく気付き始めている。これは著作権について、作品の利用を制限する「禁止権」ではなく、
利用されるたびに権利者に収益が還元される「報酬請求権」的にとらえるアプローチともつな
がる。

「放置」または「黙認」モデルは、現在の日本におけるパロディに関する厳しい法規制を前提
にすると、ユーザーにとって萎縮効果が依然として残ってしまう。ユーザーはどこまでのパロ
ディ、UGCが許容されているのか、権利者からの削除申請が来るまでわからないからである。
「放置」または「黙認」モデルから一歩先に進めて、権利者がユーザーに対し、パロディ、
UGCの生成、アップロード等を行なうことを、利用規約などにおいて明示的にライセンス
（利用許諾）しているのが「初音ミク」や「くまモン」そして、先ほど紹介した「恋ダンス」
である（私が関わったPerfume Global Site Projectもこのモデルである）。このライセンス契約
モデルは、著作権の新しい仕組みとして二〇〇二年頃に提唱されたクリエイティブ・コモンズ
に見られるライセンス契約の仕組みに似ている。このライセンス契約モデルは、権利者による
許諾の範囲を明示することで、ユーザーに対する萎縮効果を減退し、より多くのユーザーの参
加を促すための手法として有効である。いわばライセンス契約により「グレーゾーン」領域の

デザインに踏み込んだ手法といえよう。[10]

今後、コンテンツのオープン化において、権利者は「放置」、「黙認」、ライセンス契約のいずれのモデルを選択すべきなのだろうか。

権利者としては、事案ごとに個人利用目的か、商用目的かを峻別し裁量をもって削除申請を行なうことができる「放置」または「黙認」モデルに利便性を感じることは想像に難くない。[11]実務では、何が「個人利用」か、「商用」かという線引きは容易ではない。もっとも、「放置」または「黙認」モデルには、ユーザーがコンテンツの生成・アップロード等に躊躇・萎縮する可能性や、活かすか、削除するか等のハンドリングに手間がかかるなどのデメリットがある。一方で、ライセンス契約モデルには権利者にとってより細やかな利用条件の設計ができるというメリットがある。権利者は、オープン化という課題に対し、このようなそれぞれのモデルの特徴や、当該コンテンツの特性を見極めて、適切な法的環境をデザインしていくことが求められている。

明確なライセンス契約が存在しなくても、権利者によるプロモーションに利用されたり、YouTubeの公式チャンネルに採用された段階では「黙認」といえるのであろうが、どこからが

「黙認」といえるのかは微妙な問題である。「HAPPY」のレコード会社の担当者は、報道等において、「個人利用の場合には黙認しているが、特定の団体がPRや広告等の目的で利用する場合には、利用料が発生する」旨を述べている。自律分散的（ピア）なインターネットにより、オリジナル作品とパロディ、UGC作品をめぐるコンテンツの享受と生成の循環は加速度的にその旋回の数と深さを強めている。ユーザーは一つのコンテンツをあらゆる方向からバイラル（「感染的に・ウイルス性の」という意）に貪り、楽しみ尽くす（「n次創作」とは、まさにそのような状況を指した言葉であろう）。

インターネットにおけるパロディやUGCの隆盛の果てに、「放置」または「黙認」モデルが定着するのか、ライセンス契約モデルが増えていくのか、はたまた日本においてはパロディに関する法改正やフェアユース規定が導入されることがあるのか。個人的には、コンテンツIDやブロックチェーン技術など、技術的なアーキテクチャが発達していけば、アーキテクチャとの協働を前提として、ライセンス契約モデルがスタンダード化していくと予想する。いずれにしても、デジタル化されたコンテンツがインターネットにより多様な形態で流通・利用され、また誰もがコンテンツを生成・公開し得るようになった現在、権利者には、著作権の目的である「文化の発展に寄与する」ことにとって適切な法のデザイン・設計が問われているのである。

—1—日本でも原宿や沖縄などの地域振興を目的に、ファッション関係者や市民が踊る動画などが「ご当地キャラクター」ならぬ「ご当地『HAPPY』」として話題となった。

—2—神奈川県は、二〇一三年にも、AKB48の「恋するフォーチュンクッキー」に合わせて知事ほか県職員たちが踊り乱れるPR動画で一躍脚光を浴びていた。

—3—最終的には著作権の保護期間がすでに切れているジャズのスタンダード曲「I got rhythm」に差し替えた。

—4—これらは形式的には、オリジナル作品の楽曲および歌詞（「恋チュン」については振付も）の著作権や著作者人格権、著作隣接権などの侵害に該当するものが多数である。

—5—最判昭55・3・28判タ415号100頁。

—6—日本ではニコニコ動画が同様の仕組みを採用し、さらに一部レコード会社との間で原盤権についても同様の環境を作り上げている。

—7—「クラウドが変革するデジタルコンテンツの未来」『g-SPHERE』vol.04、二〇一四年八月、グーグル発行（http://www.innovation-nippon.jp/gsphere/g-SPHERE_vol4.pdf）

—8—YouTubeは、「コンテンツID」のほかにも、「公式チャンネル」や「YouTube パートナープログラム」、「MCM（マルチチャンネルネットワーク）」など、著作権者の収益を確保する多様な試みを行なっている。

—9—星野源の公式ウェブサイトより。http://www.jvcmusic.co.jp/-/Information/A023121.html?article=news132#news132

—10—諸外国のように、パロディや二次創作が許容されやすい環境であれば、わざわざ公式にライセンスで後押しする実益は少ないかもしれない。

—11—「放置」と「黙認」の差異は、権利者が翻意して削除申請をすることが可能か否かである。

# 3 出版

## 電子書籍、オンライン出版の時代

本の「中身」は物質としての紙ではなく、紙の上に化体された言葉、情報である。これまで本は、コンテンツとしての本と物質（ハードウェア）としての紙との一体性・密接性が高く、あたかも「本＝紙の本」と捉えられていた。本の「器」として、紙媒体が可読性や耐久性などの観点から優れていたからだろう。しかしながら、電子書籍やオンライン出版が普及し始め、コンテンツとしての本が紙という物質から解放され始めている。それがゆえに、「本＝紙の本」

ではないという事実がようやく白日の下に晒されることになった。[1]

電子書籍、オンライン出版の時代の本を考えるとき、①媒体のデジタル化（電子書籍）、②出版システムのオンライン化（オンライン出版）という二つの大きなアーキテクチャ（仕組み・環境）の変化を区別すべきである。①については一九八〇年代頃からさまざまな試みが行なわれてきている。また、コンテンツとしての本を読むためのハードウェアであるiPadやKindleなどの電子ブックリーダーも一般に普及してきた。昨今の変化として、より重要なのは言うまでもなく②出版システムのオンライン化である。②の特徴をより細分化すると、（1）権利者と出版者やユーザーとの間の権利関係がこれまでの「複製」型から

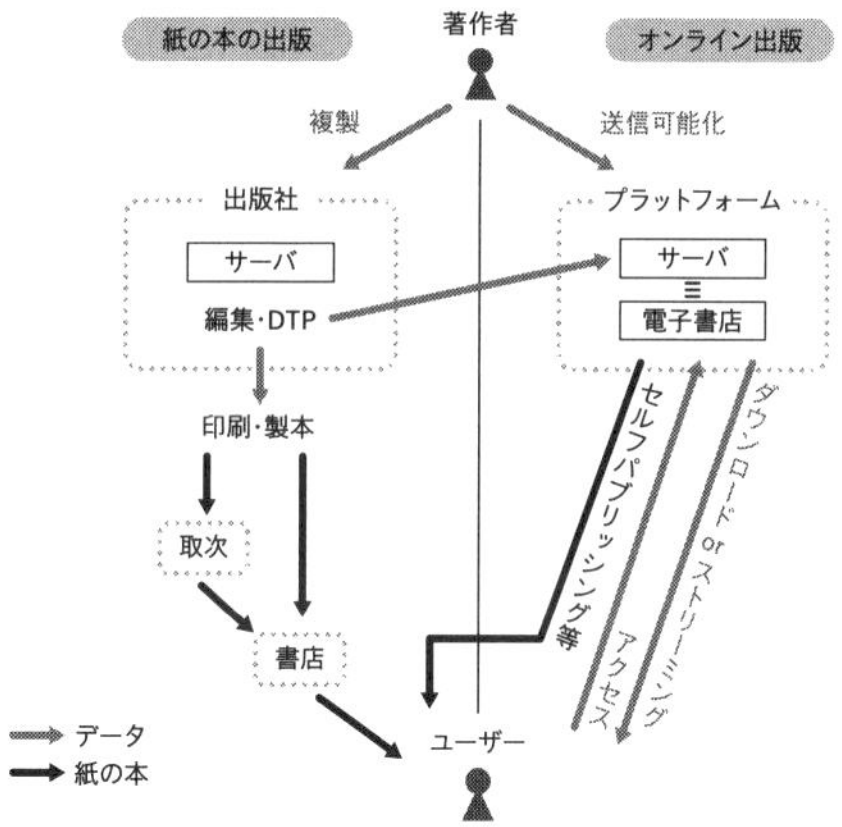


■図1　紙の本とオンライン出版の流れの変化

「（公衆）送信」型へと変化すること、（2）電子書店としてのプラットフォーム（Kindle Store、iBooksなど）の登場と役割の強大化、（3）企画（作家の発見、育成、編集）、製造（印刷、製本）、流通という各段階のオンライン化・ピア（自律分散）化とそれに基づくプレイヤーの増減や内容の変化などがあげられるだろう［図1］。オンデマンドによるセルフパブリッシング・サービスの登場により、EPUB[2]を一つ作るだけで、世界中ほとんどの端末等へ向けて出版ができ、紙の本を送付することもできるようになった。また、Amazon、Googleの二社は、旧来の紙媒体の出版物についても電子化とオンライン化を大規模に進めている。[3]これらは「紙→デジタル」ではなく「デジタル→紙」という発想であり、もはや本、出版の分野において、紙媒体から思考することは自明ではなくなっている。

## 紙の本を前提とした契約、法律そして慣行

前提として、紙の本の出版における契約関係をおさらいしておきたい。

1　作家と出版者との間で出版権が設定される場合（三〜五年が一般的。定めがない場合には三年）
2　作家が出版者に対し、独占的に出版の許諾を与える場合
3　作家が出版者に対し、非独占的に出版の許諾を受ける場合
4　出版者が作家から著作権（全部または一部）の譲渡を受ける場合[4]

欧米では4にある著作権の譲渡が行なわれることが多い。だが、日本では、一般的に、出版契約書では、1の出版権の設定もしくは3の独占的な出版に関する利用許諾がなされてきた。そのため、日本では作家に著作権が残るケースが多いが、権利を一元化できておらず、出版者が作家の著作権を上手に活用できていないことで、コンテンツのさまざまな可能性や収益性が損なわれているのではないかと感じることもある（特に、オンライン出版の時代においてはなおさらである）。一元化という意味では、出版権の設定でもよいように思えるが、著作権法上の出版権はこれまで公衆送信権（のうち、ここでは送信可能化権）を含んでいなかったことや、

出版権の設定は期間限定のものであったことから、脆弱な面があった。

二〇一五年の改正著作権法では、これまで紙媒体に限定されていた出版権の対象が、公衆送信権にも対応することになった。日本書籍出版協会（書協）が公開している出版契約書のひな形も、上記改正に合わせて改訂が行なわれている。

## 漫画などの「柔らかいコンテンツ」のリデザイン

漫画やライトノベルなどの、いわゆる「柔らかいコンテンツ」の分野の売上げが電子書籍市場を支えているという報告がある。[5] これに合わせるように、漫画関連の分野においては、電子化、オンライン化の特徴を生かした本、出版に関するリデザインの試みが目立っている。

佐藤秀峰『ブラックジャックによろしく』（講談社）は、二〇一二年に全巻をオープンソース化し、どのプラットフォームにおいても無料で読めるようにして話題となった。利用規約では、①営利目的での利用も無償で可能としている点、②書籍の版面をそのまま複製することを禁止している点、③タイトルと著作者名を表示することを求めている点、④事後に報告する点が義務付けられている。佐藤はこれにより続編である『新ブラックジャックによろしく』（小学館）などの購入者が増大したことを報告している。この試みは典型的なフリーミアム・モデルといえる。

作家、出版者以外のプレイヤーの増加もこの時代の特徴だ。新しい形の出版エージェンシーであるコルクも、多様化した出版のスキームを利用してさまざまな試みを行ない、耳目を集めている。出版社の枠を超えた作家同士のコラボレーションや、ミュージックセキュリティーズと組み、「コルクマンガ家ファンド」という新しい漫画コンテンツへのファンディング（投資）にトライし、一度は消えかけた知財コンテンツへの投資という分野に再び光をあてようとしている。コルクは、最近ではCtoCのフリマアプリ「メルカリ」のプラットフォームを利用して、人気漫画『宇宙兄弟』の二次創作グッズの取引を許諾する取組みを始めた［図2］。この取組みが広がるかは未知数であるが、法とアーキテクチャの設計と協働という点で注目すべき取組みであることは間違いない。

また、コミックマーケット（以下「コミケ」という）はもはや出版に限らず、日本の文化や経済にとっても無視できない存在になってきている。コミケはいわゆる「放置」または「黙認」モデルで成り立っているが、ここでは、コミケにおけるグレーゾーンから一歩進んで、よ

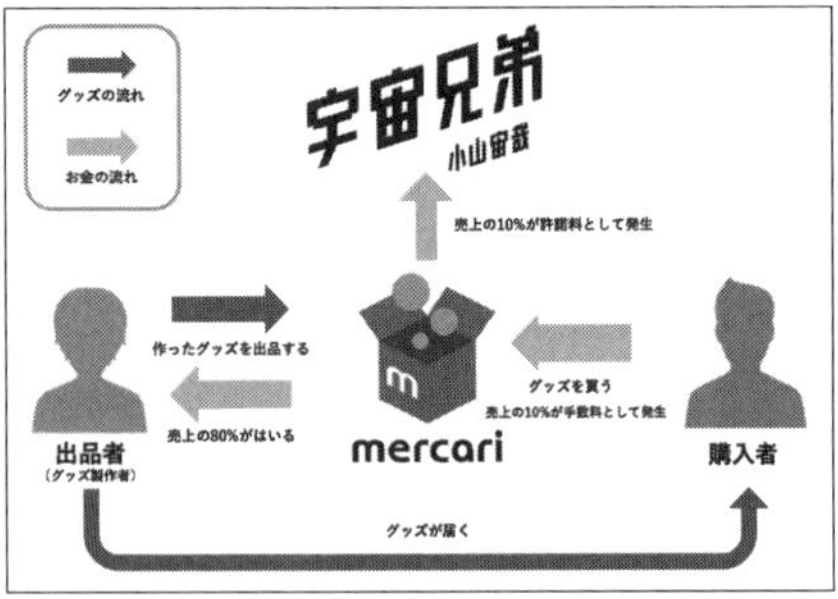


■図2　「メルカリ×宇宙兄弟」コルクのブログ　http://blog.corkagency.com/about-works/1458/

■図3　同人マーク　https://commonsphere.jp/doujin/

り適切な環境を構築するためのライセンス（利用許諾）のデザインの例として「当日版権システム」に注目したい。これは、フィギュアや模型などの展示即売会に合わせて時間、場所等を限定した、簡易な著作権、商標権、商品化権などのライセンス制度である。フィギュア、模型などの展示即売会として日本有数の規模を誇るワンダーフェスティバル（通称「ワンフェス」）では、「ライセンスニューウェーブ」と「ライセンスフリー」という二つの当日版権システムが設けられている。[6]この当日版権システムは、権利者と利用者の利益、オープン・クローズのバランスを適切に図る仕組みとして、グレーゾーン・マーケットに対する権利者の対応として、他分野でも大いに参照されるべきだろう。

同様にコミケ等におけるグレーゾーンから一歩先に足を進めたモデルが、漫画家の赤松健の提唱による同人マーク［図3］である。同人マークは、原作者が自身の作品について、二次創作による同人誌の作成と、同人誌即売会での販売等を許諾する意思表示をするためのマークおよびライセンス契約の仕組みである。[7]TPPに日本が加入し、日本の著作権法が非親告罪化された場合、コミケなどせっかく発展してきた文化が根絶してしまうことを回避しようと考案されたものだ。[8]同人マーク・ライセンスは、クリエイティブ・コモンズと同様に、法律に頼らず、私《し》人《じん》間のライセンス（この場合、作家とユーザー）により、権利者と利用者の利益を適切なバランスに保つことを志向している好例といえよう。

## 紙の本の拡張

起業家・研究者であるドミニク・チェンは、日本初の取組みとして、自著『フリーカルチャーをつくるためのガイドブック』[9]の購入者にクリエイティブ・コモンズ・ライセンスの付いたPDFをダウンロードするためのクーポンコードの提供を試みた（筆者はこの出版契約書をサポートした）[10]。紙の本の販売だけでなく、同時にウェブやデジタルでも配布したほうが、より多くの読者の目に触れ、言及がなされることで、紙の本の販売数も増えるというデータが米国などでも報告されている。デジタル化により、紙の本の魅力も倍加するという方法論は、これに限らず、現在の出版業界で誰もが待ち望んでいるものであろう。

作家いとうせいこうは、読者によって内容を変えるパーソナライズ小説『親愛なる』という作品をウェブサイト上で期間限定販売した[11]。購入者が自らの名前や住所など個人情報を入力すると、世界に一冊だけのパーソナライズされた小説が届く。個人情報が記載されているので、基本的には読み終えた後にブックオフに売ることもできない（表紙に自分の氏名と住所が入っている！—図4—）。電子書籍時代において結びつきが弱まっているコンテンツとしての本と紙という物質、そしてその紙の本を所有する体験を、個人情報という保護法益を利用して、再び分かちがたく結びつけることで、本の魅力を高めている。企画した編集者の伊藤ガビンは、『源氏物語』の時代にはすべて一点ものだったという本の希少性やコミュニケーションツールとしての魅力を、新しいアーキテクチャを利用して現代に再起させる試み」と話している。本、出版のアーキテクチャの変化がコンテンツ（内容）に影響を与えているのだ。

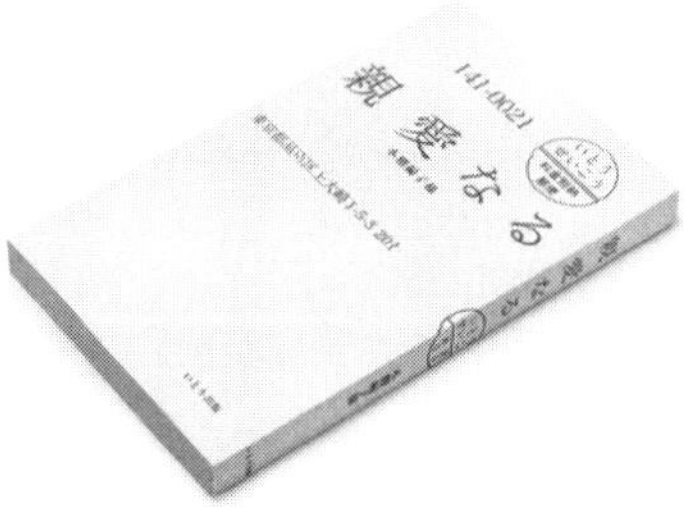


■図4　いとうせいこう『親愛なる』。表紙には購入者の名前や住所が記載される、というパーソナライズがなされている

「複製」から「送信」へ

「急変する時代とは、ふたつの文化にまたがる時代であり、相克する技術が併存するフロンティアのうえにある時代である。(中略)われわれ現代人は、個人主義が時代遅れのものとなり、共同体的相互依存こそ不可欠なものに思われる電気テクノロジーに遭遇している。グーテンベルグの古い知覚と判断の形式が新しい電子時代によって完全に浸透されるとき、在来のもろもろの機構(メカニズム)や文字使用はどのような新しい体制をとりはじめるのだろうか。」

これは、マーシャル・マクルーハンによる一九六二年の著作『グーテンベルグの銀河系』の一節である。マクルーハンは同著において、グーテンベルグにより一七世紀半ばに開発された活版印刷という情報技術が拓いた文化の広がりを銀河に喩えた。PCもインターネットも存在しない時代に、現在の電子書籍、オンライン出版の時代を予期したかのような彼の言葉は、まさに現在我々が直面している問題そのものである。

電子書籍、オンライン出版時代の出版契約とは、いかにあるべきか。紙の本もデジタルデータにより制作されること、そしてオンライン出版がデフォルト化してくることを考慮すると、今後は紙ではなくデジタルデータを中心にビジネスモデルと契約形態を検討する必要がある。これまでのような、作家が出版者に対し複製を許諾するモデル、すなわち複製権（著作権法21条）に基づく出版ではなく、コンテンツとしての本をユーザーのリクエストに応じて、すなわち「公衆の求めに応じて」ユーザーの手元の端末等に送信する、送信可能化権（同法23条1項）に基づいて行なわれる出版が中心になる時代が来るだろう。また、電子書籍という観点からは、コンテンツとしての本は、文章、画像以外にも、音楽、音声、映像などを取り込んだいわゆるリッチコンテンツの形態を取る。音楽、音声、映像を外部リンクとして表示するにとどまらず、出版物データに組み込む場合、これらのコンテンツについて著作隣接権を含め別途権利処理が必要になる。もはやコンテンツとしての本は、デジタルデータという意味では音楽、音声、映像などと何ら変わらないのだ。

現実問題としては、今後も先述した書協によるひな形を前提に契約実務が行なわれていくだろう。しかし、特に送信型の出版契約においては、従来の複製型の出版契約のようにビジネスの形が固定化しておらず、インターネットの絶え間ない発展のなかでさまざまな可能性が生まれ、今後ますます複雑に分岐していくことが予想される。複製型の出版契約においては書協によるひな形で対応できたかもしれないが、送信型の出版契約においてはひな形に頼らず、そのように外部で生まれるさまざまな可能性に対して「開かれた」出版契約をデザインする姿勢が肝要になる。新しい出版契約のヒントは従来の出版業界の外にあるだろう。

また、実務的には、送信型の出版契約において、プラットフォームとユーザー間の契約を規定する利用規約と整合しないものを作成しているケースを見受ける。だが、送信型の出版契約を作成する際には、プラットフォームやほかのサービスの利用規約を十分に検討したうえで、その整合性を担保することが不可欠である。

著作権が活版印刷技術により生まれてきた歴史を考えれば、出版を複製型から送信型へと捉え直すことは、出版制度のリフォームにとどまらず、著作権制度自体のリフォームにもつながる。私たちはそろそろグーテンベルグの亡霊を振り払う必要がある。今、電子書籍、オンライン出版のデザインを考えることは、マクルーハンの言葉を借りれば、グーテンベルグの発明により人間が蓄積してきた知や文化の「銀河」のその先を考えることを意味するに違いない。

―1―本書では、「電子出版」という言葉は使用しない。理由については、北村行夫『原点から考えるオンライン出版』（太田出版、二〇一二年）をご参照いただきたい。

―2―米国の電子書籍標準化団体ＩＤＰＦが推進するＸＭＬベースのオープン規格。米国では電子書籍のファイル形式としてデファクトスタンダードになっている。

—3—Googleは、オプトアウトの方式で（著作権者に無断で）書籍を電子化するプロジェクト「GoogleBooks」をめぐって複数の訴訟を抱えている。二〇一二年一〇月には米出版社協会（AAP）、二〇一四年九月には全米写真家協会（ASMP）など複数の団体との間で和解が成立しているが、米作家団体（Authors Guild）との裁判は依然係属中である。

—4—本項では、原則として、営利事業体としての「出版社」ではなく、「出版者」という言葉を使用する。製造（印刷・製本）と流通は、出版者から外部の印刷会社や取次へ委託がなされてきた。出版者は、印刷・製本、取次、時には編集などの各行為とその担い手である第三者と協業し、これらの一連の分業をディレクションし、コンテンツとしての本の生成、流通に中心的役割を担う者といえよう。電子書店としてのプラットフォームは、法的には出版者の販売代理として整理される。

—5—インプレス総合研究所による電子書籍市場に関する調査

—6—「ライセンスニューウェーブ」は、事前の販売内容の申請と低額の版権料の支払い、当日にサンプルを提出しさえすれば、原則として審査なしで販売が認められる。また申請も開催の約一ヵ月前となっているなど、通常の当日版権システムに比べて大幅に条件が緩和されており、トレジャーフェスタ等のほかの即売会にも広がりを見せている（http://wf.kaiyodo.net/pdf/copyright_manual.pdf）。

—7—クリエイティブ・コモンズ・ジャパンを運営するNPO法人コモンスフィアが作成。筆者も同ライセンスの策定に関与した。ただし、元作品の全部または一部をそのまま複製（デッドコピー）する形での配布は認められず、二次創作を必須としている点がクリエイティブ・コモンズ・ライセンスと異なる。

—8—同人マークは赤松自身による『UQ HOLDER!』（現在は『別冊少年マガジン』／講談社で連載中）で初めて採用された後、同じく『月刊アフタヌーン』（講談社）で二〇一五年まで連載された弐瓶勉『シドニアの騎士』で採用され、現在では講談社以外の作品にも広まり始めている。

—9—ドミニク・チェン『フリーカルチャーをつくるためのガイドブック——クリエイティブ・コモンズによる創造の循環』（フィルムアート社、二〇一二年）

—10—このシステムは『チェーザレ・ボルジアを知っていますか？』（講談社、二〇一三年）という、漫画『チェーザレ　破壊の創造者』（惣領冬実）の副読本が刊行された際にも採用された。

—11—「BCCKS」というダイレクトパブリッシング・サービスを利用している（すでに生産終了）（http://bccks.jp/special/seiko）。

## 4　アート

### 情報化社会におけるアートの意義

「アート」という言葉を使った瞬間に自分とは縁遠く、特殊なものと捉えてしまう傾向があるが、それはこの高度情報化の時代においては否定されるべき考えである、というのが私の意見である。ポストモダン以降の現代社会において、アートには従来の美術的側面とは別に、考察しておくべき価値がある。

私は、アート分野の仕事が他の弁護士と比較して多いといえるだろう（とはいえ、相対的に比率が高いだけであって、筆者の仕事のうちアート分野の仕事はごく一部ではある）。なぜ私はアート分野の仕事を扱うのか。それはもちろん趣味嗜好もあるのだが、決してそれだけにはとどまらない。私は「アートは社会に対する問題提起である」という、巷間よくいわれる意見に与しつつも、より具体的には、アートは現在から派生するさまざまな未来の可能性について熟考する機会を与えてくれるものと考えている。アートに現れる未分化なままの問題群やアーティストが知覚する社会変化の機微は、未来を考察するためのサイエンス・フィクションとして捉えることができる［図1、2］。また、アートによる問題提起は、複雑な社会問題を「複雑なまま」提示することができる。これらのアートの特徴を法的な側面から見れば、「○○法」などと整理され、体系化される前の問題が、他の分野に先駆けてアートにおいて立ち現れ、混在するということを意味する。私はそういった未開の分野に取り組む際に必要となってくる視点や思考をアートから得、滋養としている。このように、私がアートを仕事として取り扱うことには実利的な側面がある。

他の分野と同様、アートもインターネット登場以降に変化を遂げている。私たちは、ワイヤレス・ネットワークが飛び交う中、スマートフォンやタブレット端末を手に、日常的・断続的にインターネットに接続し、オンラインとオフラインを往来する時代を生きている。そのよう

■図1　左／Michael Naimark & MIT ArchMac's Aspen Movie Map (1978-1980)、右／Google StreetView (2007-)

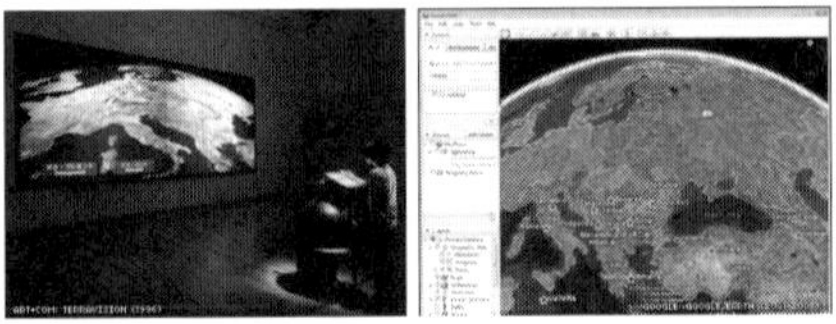

■図2　左／Art+Com's Terravision (1996)、右／Google's Google Earth (2001, 2005-)

な時代にあって、元来のアートにおける「一品制作」という性質から導かれる「所有」や「オリジナル」という特徴は、インターネット／デジタル技術による複製容易性および非劣化性と相克する。これは主に、キャンバス、版画、彫刻、写真、CG、インスタレーションなど、アート作品をどのようなメディウムで作成するかという選択にも重なるが、このような相克は、アートを生産する場面においても、アートを受容する場面においても生じている。

## イメージの流用とフェアユース

メディアからのイメージを流用してアート作品を制作する手法は、「アプロプリエーション（appropriation）」と呼ばれる。このアプロプリエーションで知られる最も著名な美術家の一人がリチャード・プリンスである。プリンスの作品は、広告や雑誌などのメディアのイメージをそのまま流用し、自己の作品として再編集するものがほとんどである［図3］。元のイメージをほぼそのままの形で複製しているので、形式的には著作権侵害が成立するが、米国にはフェアユース規定（米国著作権法107条）があるため、アプロプリエーション作品やパロディ作品の適法性は、フェアユース規定により判断されることになる。

フェアユース（公正利用）に当たるか否かの判断においては、①使用の目的と性格（商業性を有するか等）、②著作物の性質、③著作物全体との関係における使用された部分の量および重要性、④その使用が著作物の潜在的市場または価値に対して与える影響、という四要素が検討される。最近の傾向としては、特に、著作権者の利益を不当に侵害するか否かという点[1]、および、その前提として「transformative（変容的）」か否か（元の作品と比較して新しい表現となっているか、元の作品と異なるメッセージや価値観、視点を社会に提供できているか）という点が重視されるようになっている。

　プリンスも訴訟においてたびたびフェアユースの抗弁を主張しており、二〇一三年には、第二巡

■図3　左がパトリック・カリウによる写真作品《Yes, Rasta》(2000)、右がリチャード・プリンスによる作品《Canal Zone》(2008)

回区連邦控訴裁判所が、プリンスの作品(の一部)はフェアユースに当たると判断した。[2] 同判決は、米国著作権法107条で列挙された目的(批判、批評、報道、教育、学術および研究)以外の目的であってもフェアユースたり得るという点を明示的に認めたほかは、これまでの先例と同一線上にあるものといえる。しかし、同判決は、プリンスの作品三〇点中二五点についてはフェアユースとし、残りの五点についてはフェアユースかどうかを判断するために地裁に差し戻したが、この差し戻された作品とフェアユースと判断された作品にはどのような差があるのか、並べてみても判然としない(結局、この五点については地裁で和解が成立し、フェアユースか否かの判断はなされなかった)。それに加えて、そもそも裁判所がtransformativeか否かという美術的な観点を含む判断をすることが可能なのか、判断すべきなのか。同判決は米国でも大きな議論を巻き起こしている。[3]

## 「所有」できないアート作品

アート作品は、一品制作または「エディション」と呼ばれる数量が極めて限定されているがゆえに、その価値を生み出してきた。それゆえ、アート作品と所有概念は分かち難く結びついてきた。そのような所有性の裏返しとして、アート作品は、購入したコレクターの意思によって、作品が公共空間（美術館、パブリックスペースなど）から姿を消すという事態も多々生じる。

このようなアート作品の所有性に対し、インターネット世代の感性に基づき疑問を提起する作家が登場してきている。ラファエル・ローゼンダールは、物としての作品を販売するのではなく、作品を公開しているドメインを販売するというユニークなアーティストである。コレクターが作品を購入すると、その作品が公開されているウェブサイトのタイトルに購入者の名前が追記される。彼は、作品購入契約において、作品をネット上で公開することを義務付けているので、作品が誰かに購入された後も、誰もが世界中のどこからでも二四時間アクセスすることができる。購入されたら最後、仕舞い込まれてほとんど公開されないアート作品もあるなかで、ネットで公開することが義務付けられていればそのような心配はない。また、ドメインを販売するという手法により、セカンダリー・マーケット[4]に転売されたとしても、贋作が生まれないというメリットもある。販売したドメインの管理はコレクターが行なったり、年次の管理費を払ってもらってアーティスト自身が管理することもあるという。

ローゼンタールの作品はウェブサイト上で常に公開されており、コレクターは「所有」することはできないが、非独占的なアクセス権や最終的なコントロール権は保持されている。アートは人類のコモンズ（共有財産）だとすれば、コモンズを私有化するアートに対する、ネット世代からのカウンターと評価することも可能であろう。

### ビッグデータを利用したアート

3Dプリンターなどの最新テクノロジーをアート作品に用いることは常態化している。[5] そのようなテクノロジーを活用したアートのなかでも、機械学習（人口知能により、人間の学習能力と同様の機能をコンピューターで実現する技術・手法）を利用し、世界中のさまざまなデータベースにアクセスし、その情報をアート作品に利用するケースが増えている。例えば、膨大な第三者の著作物やデータなどの素材（いわゆる「ビッグデータ」）を利用して制作された「データアート」と呼ばれる表現がある。世界的にも評価の高い日本人アーティスト真鍋大度[図4]や、Google社のCreative LabにおいてData Artsチームを率いていたアーロン・コブリンなどがその筆頭といえよう。

このようなデータアート作品の制作・発表については、素材を取得する段階や、素材を情報解析等した後の情報を利用する段階で、著作権法上の問題や個人情報保護、プライバシー権の問題が生じることが多い。

平成二十一年の著作権法改正により、著作権法47条の7に「情報解析のための複製等」に関する制限規定が加わり、一定の条件の下で著作物の記録媒体への記録・翻案が認められるようになった。だが、本条に基づき記録媒体への記録等が認められるのは、「電子計算機による情報解析を行なうことを目的とする場合」に「必要と認められる限度」に限定されている。上記のようなデータアート作品の制作・発表が本条の射程に含まれるか否かについては明らかではない。本来はフェアユースで解決されるべき問題であると私は考えるが、日本にはフェアユース規定が存在しないので、先

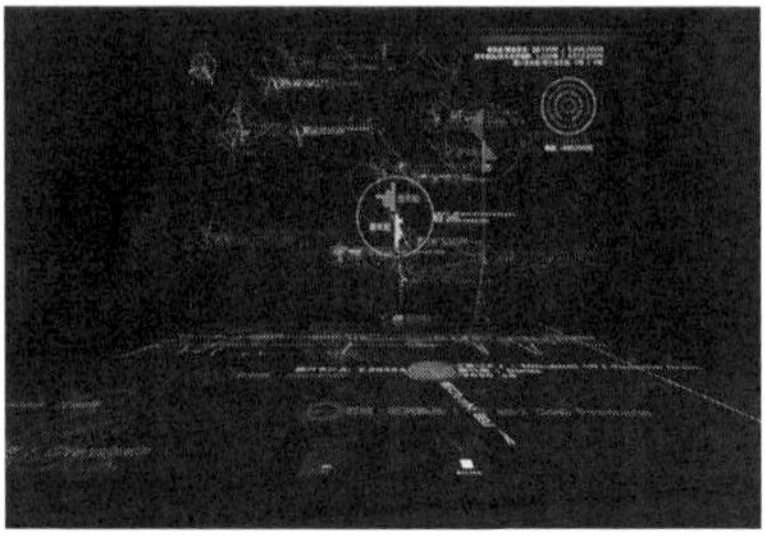

■図4　真鍋大度《traders》（2013）。金融市場の取引を可視化した作品

述した情報解析のための規定の射程次第では、日本において、このような手法によるアート表現ができない、ということにもなりかねない。

## 生体データを利用したアート

このように、テクノロジーによりあらゆる事象の情報が取得・解析される時代において、アーティストが、テクノロジーにより得られるデータのうちでもよりパーソナルな情報に注意が向かうこともまた自明である。

米国を拠点に活動するドイツ人アーティスト、ディムト・ストレブは、オランダの画家ビンセント・ファン・ゴッホが切り落とした耳を再生するというアート作品を制作した。《sugababe（シュガーベイブ）》と名付けられたこの作品［図5］は、ゴッホの弟の子孫の遺伝子と軟骨細胞をもとに、コンピューター画像処理技術や3Dプリンターなどを用いて作られた。

二〇一五年には、アーティストユニットBCLが、「Ghost in the Cell：細胞の中の幽霊」[6]と題された展示を金沢21世紀美術館で行なった。本プロジェクトは、当初ヒトの胚性幹細胞（ES細胞）と、現在の日本のポップカルチャーの代表格として世界的な人気を誇る音声合成ソフト「初音ミク」を利用し、生命／非生命の境界、そして二次創作や芸術のはざまで育まれる日本のカルチャーの可能性を探究するプロジェクトとして企画された。

しかし、ES細胞を扱うということで、法的および倫理的なハードルが生じる。そこで、取扱いが容易なiPS細胞（人工多能性幹細胞）を利用することになった。文部科学省は、二〇一三年十一月に「再生医療等の安全性の確保等に関する法律」等を制定し、ES細胞の医療利用に関する法的枠組みを整備するとともに、二〇一四年には「ヒトES細胞の樹立に関する指針」および「ヒトES細胞の分配及び使用に関する指針」を告示した。これにより、ES細胞の樹立機関と使用機関の両方において審査が必要なうえに、さらに

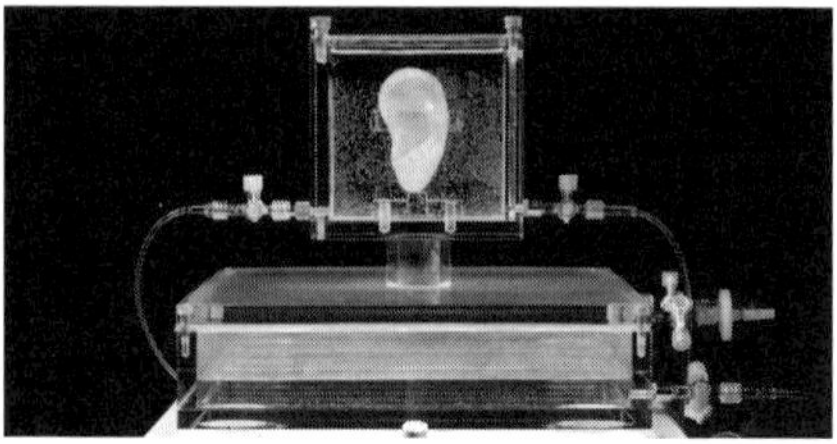

■図5　ディムト・ストレブ《sugababe》（2014）。ゴッホの耳を再生するアート・プロジェクト

樹立について厚生労働大臣の確認が必要となった。このような日本の多重審査体制は、生命倫理上の問題に配慮したものである。一方で、諸外国より過度な法規制になっており、ES細胞の利活用を阻害しているという指摘があり、アート作品のみならず、再生医療等の場面におけるES細胞の利活用の遅れが懸念されている。バイオテクノロジーの利活用と生命倫理や安全性の確保のバランスをいかに図るのか——。一般的に取扱いづらい事項をアートが問題提起している。

## 「追及権」を契約で実現する

ここまでは、未来に対する新しい価値観の萌芽としてのアート作品に着目したが、ここからは制作される作品そのものではなく、アートを取り巻く環境にフォーカスをあててみたい。

アーティストは、プライマリー・マーケットと呼ばれる一次市場で一度販売した後は、セカンダリー・マーケットと呼ばれる二次市場で転売されたとしても、法律上なんらの対価も得られないのが原則である。プライマリー・マーケットにおける販売価格が、セカンダリー・マーケットにおいて転売される際に数十倍、数百倍と高騰することがある美術業界では、作品を産み落としたアーティストに対し、転売価格の一部が支払われる仕組みが待望されている。
この点、フランスでは、いわゆる「追及権」という権利が法律上認められている。[7] 追及権とは、オークションあるいは仲介者を介して行なわれる取引において支払われた金額の一部を美術作品の著作者が受け取ることができる譲渡不能かつ放棄不能な経済的な権利のことをいう［図6］。この権利が、法制化されている国は多くないが、各国で法制化が議論されており、日本も例外ではない。[8]
一方で、作品価格の暴騰を予防する目的で、プライマリー・マーケットの購入者に対し、転売を禁止または制限する契約がなされることがある。
このような契約の規定は、プライマリー・マーケットの美術関係者から歓迎される一方で、セカン

■図6 「追及権」とは?

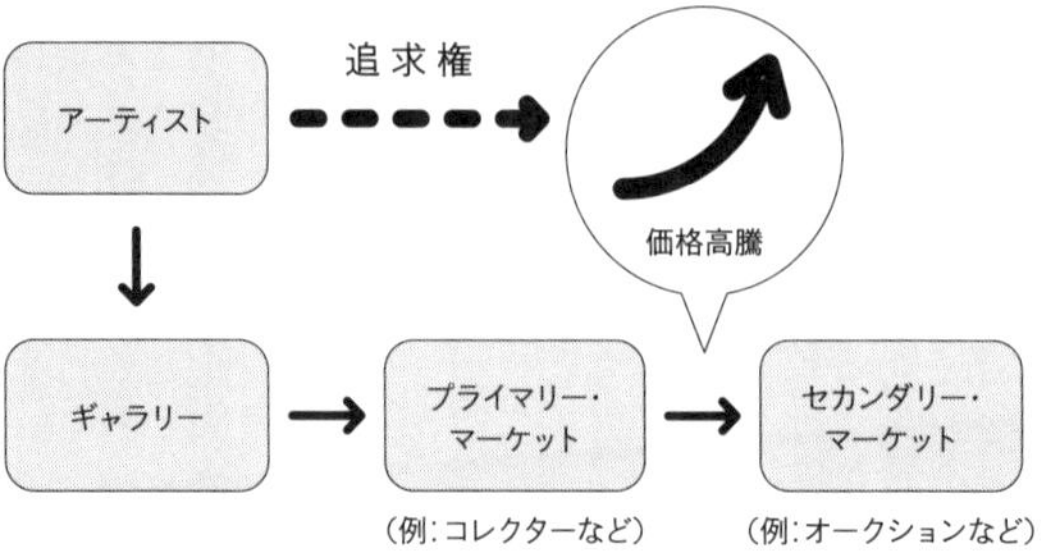

ダリー・マーケット側からはギャラリーによるアーティストまたは作品の囲い込みとの批判もある。

私も、アーティストやギャラリーの意向により、作品売買契約書に転売を禁止または制限する規定を入れることがある。さらに、転売の際にアーティストまたはギャラリーに連絡することを義務付けたり、転売する購入者をアーティストまたはギャラリーが選択できたり、転売時にその転売価格の一定割合をアーティスト側に還元する規定を入れることもある。このような試みは、追及権という法律上の制度がない国においても、契約に基づく債権的効果により追及権類似の法律効果をデザインしているとの評価が可能であろう。

## アーティストとの契約環境のオープン化

本書ではさまざまな分野におけるオープン化の事例を数多く取り扱っているが、アートが制作される環境のオープン化の事例を紹介したい。

山口情報芸術センター（ＹＣＡＭ）はテクノロジーを活用した最先端のアートセンターとして世界的にも名高い。この機関に附属するメディアアートの研究開発チーム、ＹＣＡＭインターラボは、滞在アーティストと音楽、映像、そしてソフトウェアからハードウェアまでさまざまな形態の作品を共同で制作し、それを誰もが利用できるオープンソースとして公開している。[9]

YCAMはこれに留まらず、クリエイティブでオープンな協働を実現するための環境整備として、アーティストとの共同研究開発契約書「GRP Contract Form」[10]を設計し、実際の研究開発に利用するとともに、契約書の和英のひな形をもオープンソースとして公開している。私も監修で加わったこの契約書は、研究開発から生まれたソフトウェア、ハードウェア、写真、映像、テキスト、音声などの成果物をオープンソースとして公開することを定めている。契約書自体もクリエイティブ・コモンズ・ライセンス：表示 - 継承（CC BY-SA）のもとで公開され、プログラムのバージョン管理ツールである「GitHub」と、PDFで配布されている。利用者はこの契約書を改変し、自らの環境に合わせてカスタマイズして再利用することが可能になる。

アーティストとアートセンターのフェアでオープンな共同開発契約書は、両者の信頼関係と研究効率を高め、成果を生んでいる。[11]

## 写真撮影が可能な美術館

私たちがアートを受容する場面の一つである、美術館における鑑賞の仕方においても、オープン化の試みがなされている。

日本人ほど美術館に足を運ぶ国民は世界でも例をみないという指摘もある一方で、日本のほとんどの美術館においては、アーティストの権利を守るという名のもと、来場者による写真撮影が禁止されている。しかし、森美術館は、二〇〇九年に開催した世界的な中国人アーティストであるアイ・ウェイ・ウェイの個展において、クリエイティブ・コモンズ・ライセンス：表示－非営利－改変禁止（CC BY-NC-ND）の条件のもと、来場者による写真の撮影と利用を許可した［図7］。ブログやTwitter、InstagramなどのＳＮＳに転載される口コミ効果により来場者の増加を狙った新しい

■図7　アイ・ウェイ・ウェイ《Forever Bicycles》（2003）
Photo by Peter Bellars

広報の形として話題となった。

この仕組みは「CC in Museum」と題して、その後、広島現代美術館でのオノ・ヨーコ展で採用されたほか、東京都現代美術館をはじめとしたいくつかの公立美術館や、横浜トリエンナーレのような国際的なアートフェアなどでも採用され、実際に来場者数が伸びているという調査結果も出ている。来場者が美術館で受けた感動を、アーティストの権利を尊重しつつシェアするための日本発のクリエイティブ・コモンズの活用例として、海外からも注目されている。

## 美術市場のオンライン化

ネットの出現以降、さまざまな分野におけるマーケット（市場）がオンライン化しており、美術市場においても種々の試みがなされてきたが、国内外いずれにおいても主要なプラットフォームとなるサービスは未だ見当たらない。その原因としては、美術作品が比較的高価であること、オンラインだと真贋その他作品の管理が難しいこと、いまだにクローズドなネットワークのなかで売買が行なわれることが多いことなどが挙げられる。

しかし、ここにきて美術市場のオンライン化がにわかに注目を集めている。世界中の五〇〇以上のギャラリーと提携し、二三万点以上の作品情報を検索でき、その一部について売買や問い合わせもできるECサイト「Artsy」[12]はその最右翼である［図8］。年代や地域、様式など二〇〇強のタグで作品や関連する情報を検索できるのが特徴である。同サービスはTwitterやSquareといった著名サービスを立ち上げた起業家ジャック・ドーシーが投資していることでも話題となっている。

日本では、現代アートのオンライン販売サービスとして「タグボード」[13]が長年頑張っているが、ここではアートオークションを含む統合型の次世代プラットフォームとして期待されている「Startbahn（スタートバーン）」[14]を取り上げたい。このサービスは、アーティストが作品を逆指名オークションで販売したり、レビュアー（批評家）

■図8　売買も可能なアートのポータルサイト「Artsy」の日本人作家・奈良美智のページ

が作品のレビューを書いて報酬を得たり、コレクターが作品をオークション経由で購入したり、他のコレクターに売却することもできる。また、同時にアートに特化したSNS機能を有しており、ネット時代におけるアートの統合型プラットフォームを標榜している。利用規約という契約とサービス上のアーキテクチャの協働によって、アーティスト、コレクター、レビュアーというアートのプレイヤーをつなぐ、新しいアートのプラットフォームを作る試みといえよう。

先述した追及権にあたるアーティストの権利も利用規約において担保されている。スタートバーンでは、このような追及権的な法律効果を契約だけでなく、ネット上のアーキテクチャとしても担保できるという点が注目されるべきである。

## オンライン・アートマーケットの多様化

海外では、アート作品に紐付く記録証を発行し、その出自遍歴をリアルタイムで確認可能にする「VERISART」[15]というサービスがローンチした。このサービスは、美術品の真贋鑑定や作品の追跡・トレースを「ブロックチェーン」という技術を用いて行なうという。ブロックチェーンは、新しい仮想通貨として注目されているビットコインにも使用されている技術である。だが、公開鍵／秘密鍵の仕組みを応用し、取引記録のネットワーク全体での共有と署名による安全な本人認証を両立させるためにも利用できる技術であり、仮想通貨以外にもその応用範囲はかなり広い。[16]また、物体がある美術作品ではなく、データによる美術作品の取引に特化したオンライン販売サービス「Daata Edition」[17]も登場した。ジョン・ラフマンなど若手の注目作家が作品を発表・販売している。いずれの作品もエディションを一五に限定しており、しかも1から15と数字が増えていくごとに価格が高くなるという仕組みを取っている。

この他、美術品オークション大手のサザビーズも、オンラインオークション大手のeBayと提携して、低価格帯のアート作品について、オンラインオークションを開始することを発表している等、今後ますます世界的に美術作品のオンライン市場が盛り上がりを見せることは間違いないだろう。

美術作品を販売するだけでなく、オンラインでレンタルできるサービスも増えてきている。アメリカの「Rise Art」は美術作品のレンタルを行なうが、貸与作品の購入を決めた場合には累積レンタル料の五〇%が免除される仕組みを取っており、レンタルサービスとは言いつつも、最終的な目的が売買に向いていることは明らかである。まずレンタルしてもらい、作品の良さをじかに感じてもらってから、購入してもらうという戦略だろう。日本でも「Fm（エフマイナー）」が自身のギャラリーを持ちつつ、レンタルも行なっている。このようなレンタルサービスは、実物を見ないで購入するオンラインサービスに躊躇する人でも気軽に利用できるという点で、オンライン販売が有するデメリットの解決策の一つとなっている。

## アーキテクチャに対抗するための「余白」としてのフェアユース

現在、アートマーケットのみならず、あらゆる分野の市場がオンライン化してきている。そうしたなかで、ネットを含めたアーキテクチャと契約のそれぞれと両者の関係性をいかに設計・デザインするかが肝要になっており、本書の主たるテーマともなっている。その一方で、アーキテクチャは、法律や契約のように解釈が付け入る余地がないため、私たちの人権を法よりもより強固に制約し得る。このように考えると、あらゆる分野におけるオンライン化は、歴史上類を見ないほど、私たちの生活や行動を過度に制約するおそれもある。これはまさにローレンス・レッシグが『CODE』[18]において懸念していたことである。

さきほど取り上げた美術家リチャード・プリンスは、「オリジナルとは何か」という複製技術における根源的な問題を時代に沿った形で問い続けている。それはフェアユース規定の適否という形で法廷において表面化することになる。

プリンスは二〇一五年に、写真投稿SNSサービスのInstagramに投稿された他人の写真を盗用した連作《New Portraits》を発表した［図9］。これは、第三者の投稿した写真（当該第三者自らが権利を有する写真も違法に投稿された写真もある）のコメント欄にプリンスがナンセンスなコメントをし、プリントアウトした（だけの）作品だが、プリンスはこれを自らの作品として一枚一〇〇〇万円以上で販売している。「ここまでやってもまだフェアユースといえるのか？」オリジナルとコピーの境界線を探るプリンスの挑発的な視線を感じずにはいられない。また、プリンスの

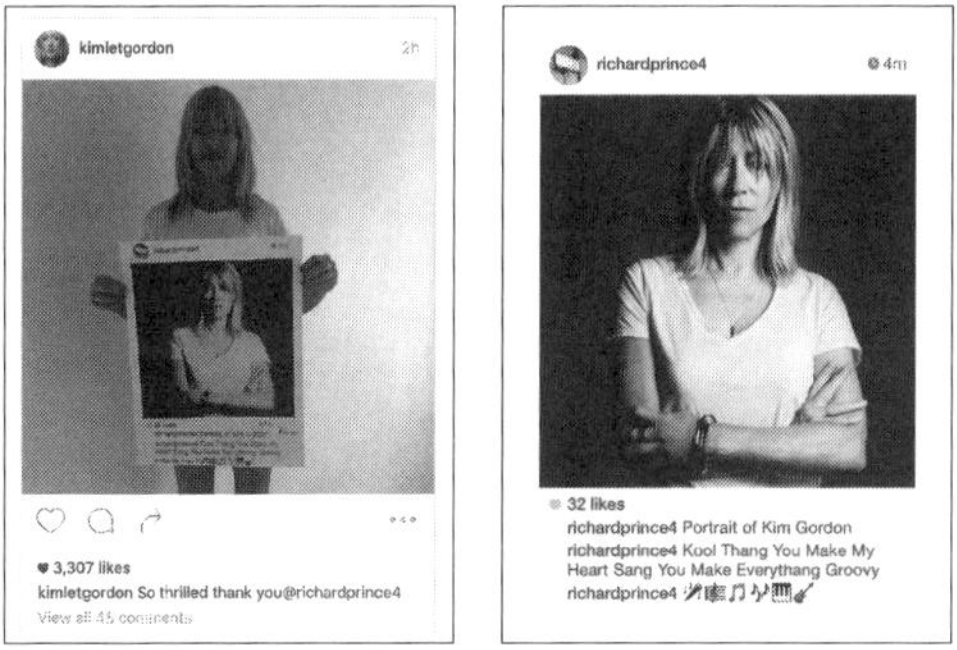


■図9　写真共有SNS「Instagram」における他人の写真をそのまま作品化した、リチャード・プリンス《New Portraits》（右）と、作品とされたキム・ゴードンが自身のInstagramにアップした写真（左）

作品に見られる多元主義的なコラージュは、まさにアメリカという国家そのものを浮き彫りにしていると見る指摘も可能であろう。

米国は、現実の後追いしかできない法律に、フェアユース規定のような「余白」をプリセット（あらかじめ規定）することで、こうした新しい表現が萎縮しないように、表現の自由が保護される「余白」を用意している。このように、法に「余白」を埋め込んでおく技法は、安定した時代においては人々の予測可能性を阻害するが、今のような高度情報化社会においては、新しい技術や表現を駆動する装置となりうる。また、フェアユースのような「余白」を持たせた法律の規定は、さまざまな分野で進むオンライン化に伴うアーキテクチャによる過度の制約に対し、柔軟性を確保するための有効な方策ともなりうる。そして、このことはアートに限らず、あらゆる分野において妥当するのではないだろうか。

## 人工知能による創作物

本項の冒頭で、アートは未来を考察するためのサイエンス・フィクションだと述べたが、昨今注目されている人工知能についても、現在アート分野での利用が目立っている。ディープラーニングさせた人工知能がレンブラントの「新作」を描いたプロジェクトなどが話題を集めるなかで、人工知能によって自律的に生み出される創作物（ＡＩ創作物）に著作権が発生するのかが物議を醸している。

現行法制度上、人工知能のみが自律的に生成した創作物・生成物については、著作物（「思想又は感情を創作的に表現したもの」（著作権法2条1項））に該当しないことや、発明の主体が自然人でないため、特許・意匠権の対象にもならないことは争いがない。また、現状では人工知能が人間からの指示や関与もなく、完全に自律して創作物を生成することは想定し難いと言われている。現時点では、ＡＩ創作物といっても、何らかの人の創作的関与がある場合を想定するほかなく、また、人の創作的関与があるか否かは外部からは認識できず、生成に関与した者が自らその点を主張することも通常考えにくいため、これらの場合に人工知能（が関与した）創作物を法的に保護しない、という議論は困難であろう。すでにコンピューターを利用した創作物が大量に作成されている現状において、これらの創作物とＡＩ創作物とを区別する理由がないから、ということもある。今後の議論としては、人の関与が極めて少ない場合に限定して、人工知能が生成した創作物についても著作権を認めないか、英国のように人格権を認めない、保護期間も短縮する等の「弱い著作権」を発生させるか、その線引きをどのように行なうか、という点は検討されるべきであろう。

人工知能による創作物に関して真に議論しなければならないのは、いわゆる「学習済みモデル」の知財保護であろう。特に深層学習（ディープラーニング）を活用した人工知能による創作物・生成物について、日本の国際的な競争力の観点から学習積みモデルの知財保護の検討の必要性を指摘する見解がある。例えば、Googleは人工知能のエンジン「TensorFlow」のコードをオープンソース化しているが、これは人工知能においてより価値があるのはコードではなくて人工知能を賢くするためのデータであるということを知っているからだ。そして、巨大なデータを握っているのはGoogleであり、そのデータは公開されていない。このことからも、人工知能分野で真に価値があるのはデータやそれにより育成される学習済みデータであるという見方が強まっていることがうかがえる。

学習済みデータの生成および入力にあたっては、平成二十一年の著作権法改正において新設された情報解析のための複製等に係る権利制限規定（著作権法47条の7）が実務上機能している。本条は、いわゆるデータマイニングまたはテキストマイニングなどを行なう際に、解析する対象のデータまたはテキスト等が著作物に該当する場合であっても、著作権侵害を懸念することなく、データ等を収集、記録、分析できることを規定している。フェアユース規定を持つ米国を除き、これは先進国の中でも日本がいち早く法改正に着手した領域であり、現実にも人工知能を活用した表現活動やビジネスにおいて機能していると実感している。

本書でも何度か紹介している「OpenAI」や、Google、Facebook、IBM、Microsoftが共同で設立し、後にAppleも参画した「Partnership on AI」の動きに見られるように、人工知能分野の標準化や透明化を企図した動きも活発化しているが、ほとんどが米国企業で構成されている点で不安も大きい。今後は、これらの団体の動向にも注意しながら、日本からも適宜そのルールメイキングに参画していく姿勢が求められるだろう。

—1—商業的使用であれば、アンフェア・ユースが推定されるとされたベータマックス事件判決（Sony Corp. of America v. Universal CityStudios, Inc., 464 U.S. 417（1984））は、一九九四年のプリティ・ウーマン事件判決（Campbell v. Acuff-Rose Music Inc. 510 U.S. 569（1994））により修正された。プリティ・ウーマン事件は、「transformative use」であれば、商業的使用であってもフェアユースの推定を与え、要素④の市場への影響への不存在を推定するというアプローチを確立した。

—2—Patrick Cariou v. Richard Prince, Cariou v. Prince, 2013U.S.App. LEXIS 8380（2d Cir. Apr.25, 2013）

—3—筆者は、二〇一五年二月にイェール大学で開催されたアートと法に関するシンポジウム「The Legal Medium」（http://www.thelegalmedium.com/）に参加したが、リチャード・プリンスが被告となった上記判決が一番のホットトピックだった。

—4—アートの市場には、プライマリー・マーケットとセカンダリー・マーケットの二つに整理される。プライマリーというのは、現在活動しているアーティストがギャラリー等において新しい作品を販売するという、第一次的なマーケットのことを指す。一方、セカンダリーというのは、プライマリーで買った最初の所有者が、何らかの理由で手離した作品が、次の買い手に売られていくマーケットを指す。

—5—フランク・ステラや名和晃平などは3Dプリンターを活用しているアーティストの代表例である。量産できない3Dプリンターの特性はアート作品に適しているとの指摘もある。

―6―https://www.kanazawa21.jp/data_list.php?g=45&d=1726

―7―フランスは、一九二〇年に世界で初めて追及権を法制化した。また、英国ではコモンローとして認められるケースがある。EUでは、EU指令により、二〇〇六年一月一日から、追及権がない国においては生存する美術の著作者に対する保護を立法化するように促されている（小川明子「日本における追及権保護の可能性」、『企業と法創造』三巻二号、二〇〇六年）。

―8―日本において裁判所で実質的に追及権が争われたケースとして、世界的に著名な美術家である村上隆率いるカイカイキキとエスト・ウェストオークションズが争った事案があるが（知財高裁平成21年（ネ）第10079号）、二〇一一年三月に和解が成立した（http://www.kaikaikiki.co.jp/news02.html）。

―9―YCAMインターラボの成果物は、クリエイティブ・コモンズやGPL、Appache、MITライセンスなどのオープンライセンスのもとで公開されている（http://interlab.ycam.jp/projects/open-sharing）。

―10―http://interlab.ycam.jp/projects/grp-contract-form

―11―坂井洋右、伊藤隆之ほか「GRP Contract Form――成果のオープン化を実現する共同研究開発のための契約書ひながた」（『日本バーチャルリアリティ学会論文誌』二十一巻一号）

―12―https://artsy.net/

―13―http://www.tagboat.com/

―14―http://startbahn.org/

―15―http://www.verisart.com/

―16―VERISARTには、ビットコイン開発のコアメンバーであるピーター・トッドがアドバイザーに参画しているという。

―17―https://daata-editions.com/

―18―ローレンス・レッシグ『CODE――インターネットの合法・違法・プライバシー』（山形浩生・柏木亮二訳、翔泳社、二〇〇一年）

# 5　写真

## インターネットというイメージのアーキテクチャ

今日、写真や写真を取り巻く環境について、Google、Facebook、Instagram、Flicker、Tumblrなどのインターネット上のプラットフォームを抜きには語れない。インターネット上では、日々、何千万という写真やイメージが生まれ、集積され、複製・改変されており、そこではカメラや撮影者すら不在の写真が氾濫している。ここで「不在」とは、文字通りカメラや撮影者がいなくても写真・イメージが生成されるという意味もあるし、写真・イメージにカメラや撮影者が顕在化しないという意味もある。インターネットという「イメージのアーキテクチャ」においては、写真やカメラというハードウェア（物質）は、デジタルイメージやソフトウェアとしてインターネットに「溶けて」いる。

複製・改変を自明のものとする時代において、写真文化を語る際に「写真は真実を写すのか」というピクトリアリズム以降の虚構性に関する議論は、もはや完全に時代遅れの産物であると個人的には考えている。そうではなく、写真・イメージに溢れる我々の日常のそのままを受け入れ、そのことを前提に我々をとりまく「イメージと我々の関係」を写真の側から考察することはできないか。本項では、それを主に法的な視点から行なうことを試みる。

## ウェブにおける写真表現

写真家がウェブにおける写真表現を意識し始めた、と個人的に感じた最初の端緒がジェイソン・エヴァンスによる「The Daily Nice」［図1］だった。ジェイソン・エヴァンスは、ミュージシャンのポートレイトや『i-D マガジン』などのビジュアルで名を挙げた写真家である。このサイトでは、先に述べたSNSなどはまだ存在しない時期に、彼の日常の写真が（ほぼ）日替

■図1　Jason Evans /the dairy nice (http://www.thedailynice.com/)

■図2　Tim Barber /tinyvices (http://www.tim-barber.com/)

わりに更新されていた。更新された写真は遡って見ることはできない。誰もがインターネット上に日記をブログに書く時代において、言わば写真家による写真日記のようなサイトであり、それはこれまで寡黙になりがちな写真家の日常を知ることができる、実に「インターネット的」な出来事だった。

次の大きな動きは、二〇〇五年にティム・バーバーが立ち上げた「tinyvices」[図2]だった。ティム・バーバーは『Vice Magazine』の編集者として活躍後、世界中から自由に閲覧・投稿できるオンラインの写真ギャラリー・サイトである「tinyvices」を立ち上げた。ここを起点に、iPhoneアプリをリリースしたり、何百人もの写真家の作品を集めた同名のグループ展示を世界各地に巡回させるなど、ウェブとリアルを横断する広がりを見せた。自らの作品だけでなく、世界中の写真家たちの写真群やプラットフォーム自体をプレゼンテーションするやり方は、編集者だった彼の視点とともに、まさにインターネットらしい写真の表現方法といえるものだった。ティム・バーバーは他にも「Attachments（「添付ファイル」の意）」というタイトルの複数の写真家による展示をキュレーションしたり、写真家の領域を拡大する仕事を行なっている。

この二人の表現は、写真批評家のシャーロット・コットンの『現代写真論』[1]においても、インターネット以降の新しい写真表現として触れられている。しかし、本項で扱うべきはむしろそれ以降の話である。

## 写真は誰のものか?

写真・イメージをめぐる著作権の問題は、インターネット/デジタル技術の発達により、他の分野と同様に、いやそれ以上にアクチュアルな問題として、顕在化してきている。

戦前のドイツや明治時代の日本においては、写真の権利が被写体に帰属する法律が制定されていたことがあったという。しかし、現在では、写真の著作権は原則として撮影者に生じるということは、世界中で確立された考え方であると言ってよい。写真は誰のものか?という命題は難しい問題があるが、このように著作権の観点からは「写真は撮影者のものだ」とひとまず言うことができるだろう。

しかし、ここへきて、これまでとは違った価値観が生まれてきているように思える。Tumblrではインターネット上にあふれる写真・イメージをリブログという機能により、まるで自分のもののようにスクラップする文化がある。また、Facebookでは他人が撮影した集合写真がまるで自分が撮影した写真のように自分のページにタギングされて配置される。これらのプラットフォームにとどまらず、Google検索に代表されるインターネットにおいては、写真・イメージが容易に複製・引用され、シェアされることによって、写真・イメージは誰のものか?という命題について従来と違った価値観が生まれてきているように思われるのだ。

このような価値観の変容は、新世代の写真家のなかにも垣間見ることができる。

今や若手のスター的な写真家であるライアン・マッギンレーのサイト―図3―には、従来の写真家のサイトに必然のように存在したあるものが存在しないことに気づく。何かわかるだろうか?

写真の著作権に関する「©」表記がないのだ(もちろん、「©」マークがなくても著作権は著作

■図3　Ryan McGinley (http://ryanmcginley.com/)

者に発生しており、現行制度の下では「©」表示に大きな意味がないことは周知の通りである）。また、写真をダウンロードできないように保護している写真家のサイトも多いなかで、彼の写真はサイト上でダウンロードも可能であり（画質は低いが）、彼の写真の著作権に対する距離感、リアリティが垣間見えるようで興味深い。先に挙げたティム・バーバーや彼らにも近しいピーター・サザーランドやチャド・ムーアなど彼の周辺にいる写真家たちのサイトにも著作権に関する表記はないが、おそらくこれは偶然ではない。筆者は、以前来日したライアン・マッギンレーに、このサイト表記に関する質問をしてみたことがある。彼から帰ってきた返答は「ナンセンス！」の一言であった。ティム・バーバーにも同様な質問をしたが、同じく「インターネットはカオスだから、著作権表記をしても意味がない」という回答だった。それが是か非かについては読者の判断に委ねたいが、これがインターネット世代の写真家のリアリティなのかもしれない。

日本では、自らの写真について独自の姿勢を見せている写真家として鈴木心がいる。鈴木のウェブサイト―図4―では、単に©表示がなかったり、ダウンロードを許容しているのにとどまらず、わざわざダウンロードボタンが付され、鈴木が日常的に撮影している写真について高画質でダウンロードすることが推奨されている。些細な日常の風景を第三者が複製・改変に二次使用するケースがどれだけ存在するのかわからないが、鈴木はこのサイトについて、自らの写真の著作権に対するアティテュードをわかりやすく伝えるための装置として考えているのだろう。鈴木はインタビュー等でも、自らの写真を自由に使ってもらってかまわない旨の発言を行なっている（おそらく広告として撮影した写真については除く趣旨だろう）。

上述のとおり、かつて戦前のドイツや明治時代の日本などにおいて、写真の著作権が撮影者ではなく、被写体にあった時代があり、その時代は、写真は撮られる側のものだったという認識だったのだろう。しかし、創作を保護する著作権の考え方や、カメラ、写真の物質（ハードウェア）としての特性から、現在では写真は撮影者のものであ

■図4　鈴木心（http://suzukishin.jp/）

るという共通認識がある。

しかし、果たしてその認識は正しいものなのか。写真が物質（ハード）からデータ（ソフト）に変化することにともなって、インターネットというアーキテクチャのなかでは、写真は誰のものか?というクリシェも変容せざるを得ない、ということは考えてみれば当然のことなのかもしれない。

## スナップ写真は死滅するか？

ウィリアム・クライン、荒木経惟、森山大道の時代、写真家たちが路上で撮影したスナップ写真は、写真芸術の花形だった。だが、今やスナップ写真は息も絶え絶えの瀕死の状態である。これは肖像権やプライバシーの問題から、被写体の許諾なしに、スナップ写真を出版したり、インターネット上にアップロードすることに法的に問題があるという認識によるものだと考えられる。

ウォーカー・エヴァンスは、一九五〇年代に、コートの下にコンタックス距離計カメラを隠し、地下鉄乗客を「盗み撮り」した写真を発表・出版した。この際にも肖像権の問題はあり、エヴァンスはその写真集を匿名で出さざるを得なかったという。その意味で、肖像権の問題はインターネット以降の特有の問題ではなく、写真の撮影・出版に昔からついてまわる問題だった。

しかし、少部数が出回る写真集ではなく、インターネットを通じてつながるウェブ上に公開され、不特定多数の目にさらされることは、出版よりもよりハードルが高い行為であると一般的には考えられている。今や権利意識の高まりにより「決定的瞬間」など無いも等しい状態である。ヴォルフガング・ティルマンスを引くまでもなく、現在アブストラクト・フォトはアート写真において一つの潮流となっているが、このようなアブストラクト・フォトの隆盛には世界的な肖像権意識の強化と無縁ではないのではないか、というのが私の見立てである。

今や現代アート界の巨匠となった画家ゲルハルト・リヒターが一九八八年に発表した初期の代表作《Betty》［図5］は、そのような肖像権のジレンマを抱えた写真に対する最初の強烈なカウンターと見ることも可能である。リヒターが写真的手法により絵画を再生させたことは有名な話であるが、この作品は、写真の登場により地位を追いやられた絵画が、逆に人の肖像を扱うことができない写真のジレンマを風刺している、と見るのは深読みだろうか。

また、先に挙げたライアン・マッギンレーは、多くの先達と同様に、身の回りの友人たちを

■図5　ゲルハルト・リヒター《ベティ》1988年

■図6　藤原聡志《Code Unknown》2014年

屋外でスナップしているように見える。だが、ライアンの最近のアメリカ全土をまわって撮影しているシリーズなどは、オーディションでモデルを選んで、お金を払ってアメリカを一緒に旅して撮影している。そこにはオーディション、そして金銭というものが介在しているという点で、従来的な街中でのスナップ写真とは決定的に異なる。これもスナップ写真の現代的変容の一つと言うことができる。

肖像権に対する興味深い試みとして、ベルリン在住の写真家・藤原聡志の《Code Unknown》｜図6｜がある。この作品は、オーストリアの映画監督ミヒャエル・ハネケへのオマージュ作品で、個人を特定できないギリギリのラインを狙って（それが法的に成功しているか否かは置いておいて）、撮影・編集が行なわれている作品群である。本人に気づかれず、無許可で撮影されれば肖像権侵害となるおそれがあるというスナップ写真の問題点を浮き彫りにするとともに、撮影方法やデジタル処理により超えていくことが企図されている。

先に、肖像権やパブリシティ権等の権利意識の高まりにより、写真表現からスナップ写真は姿を消していると書いたが、実はそれはそもそも間違いかもしれない。Instagram、Facebook等のSNS上では、（比較的に）クローズドであるという理由から、素人同士が撮り合ったスナップ写真が世界中に毎秒ごとに大量にアップロードされている。これらを現代における新しいスナップ写真と見なすことも可能なように思う。Instagram や Facebook に潜在する写真群や撮影者たち。彼らは言わば「野生の写真家」とも言うべき存在だ。それらの存在が今後どのように写真文化に影響を与えるのか、という考察についてはもうしばらく時間が必要だろう。

## アーカイヴィングされゆく風景

ダグ・リカードは、二〇一〇年に『A New American Picture』という写真史的にはウォーカー・エヴァンスやロバート・フランクの諸作を想起する、挑戦的なタイトルの写真集を発表した［図7］。リカードは、Google ストリート・ビューで撮影された画像を元に、色や光をいじって改変

■図7 ダグ・リカード「A New American Picture」(https://photographyinamerica.wordpress.com/)

した作品を発表している。社会学や歴史学を専攻していたリカードは、失業率が高いアメリカの貧困地域を、時にウォーカー・エヴァンスやロバート・フランク、そして時にウィリアム・エグルストン的なアプローチでなぞっていく。カメラを持たず、部屋でPCの前に座り、検索をし、編集ソフトを使うことで。リカードの作品は、Googleストリート・ビューというツールを利用することで、先達たちとは異なり、恣意性を排除し、ある種の中立性を獲得している。リカードは「写真撮影の定義そのものが拡大している」と述べている。その顔ブレやローファイな質感は、エドワード・ホッパーの具象画のように見えなくもない。

ジョン・ラフマンも、ダグ・リカードと同様に、Googleストリート・ビューを撮影するために世界中を回っている車に九台のカメラが備え付けられていることにちなんだ「9-eyes」というシリーズ作品をTumblrに発表している［図8］。道路をまたぐ虹、川に飛び込む瞬間の女の子、水道管が破裂した瞬間、ベンチで昼寝しているヒーローの着ぐるみ、消火活動にあたっている住民、警官に取り押さえられる者たち。この作品では冗談かと思うような「決定的瞬間」が切り取られているが、そこには撮影者は不在である。撮影者不在のカメラが、今は死滅しつつある「決定的瞬間」を切り取っている様は異様であり、恍惚でもある。

写真撮影におけるドキュメンタリーの役割は、ユビキタスビデオカメラやインターネットに

■図8　ジョン・ラフマン「9-eyes」(http://9-eyes.com/)

■図9　トーマス・デマンド《Control Room》2011年

代わられようとしている。そして、Googleストリート・ビューに堆積する膨大な写真データの著作権は、すべてGoogle社に帰属している。リカードやラフマンの写真を見ていると、我々は、Googleストリート・ビューが世界中の風景をアーカイヴィングする時代に生きているのだと改めて感じる。

## ウェブにおける写真表現のリアリティ

トーマス・デマンドは、メディアやウェブ上にあふれるイメージを、現実の事象をいったん抽象化して、マットで均一な質感の厚紙により模型化し、その後、再度写真に撮影する。その抽象化と具体化の反復の過程で、日常の背後にある心理的な風景を生み出し、我々が共有するリアリティ概念を浮き彫りにする［図9］。

メディアが喪失するこの「現実の現実性」に、現実の人工的な再現という逆説的な方法で接近しようとしている。このようなデマンドの作品は、イメージ→模型→写真という過程を経た一種の三次的著作物にあたるという言い方もできるだろう。デマンドは、新聞、テレビ、インターネットなどからイメージを転用しているが、一度、厚紙による模型を通すことで、著作権にまつわる法的な問題を巧妙に回避しているとも見ることができる。また、デマンドの写真には、一切人物が介入しないことが特徴になっているが、それは先述したような肖像権の問題もクリアする結果となる点は興味深い。インターネット／デジタル以降、n次創作というべきスタイルをある種のリアリティをもって表現手法とするアーティストが増えている。デマンドの作品は、実はこのような文脈においても評価できるのではないだろうか。

本項において最後に扱わなければならないのは、新津保建秀が二〇一二年に発表した『／風景』—図10—である。

この作品では、我々がPC上で写真を立ち上げ

■図10 新津保建秀《／風景》2012年

るために、データファイルをダブルクリックするとき、写真データがデスクトップ上に徐々に立ち上がっていく様子が切り取られている。

法的には、デジタルデータそのものには著作権は生じないが、デスクトップ上に完全に表示された写真には著作権が生じる。では、デスクトップ上に徐々にデータが暫時的に表示されていく過程は、どの時点で「写真」となるのだろうか？　左側のイメージが表示されていない部分、表示されていく過程や幾重にも重ねられたブラウザのその「裏」では、一体何が起きているのか？（試しに写真のイメージが表示されていない部分を舐めるよう見てみるといい）『／風景』は、デジタル時代における写真データがどの時点で「写真」になりうるのか、デジタル時代における「写真」とはなんなのか、という命題を突きつけてくる。『／風景』は、Googleがストリート・ビューにより世界中の風景をアーカイヴィングするインターネット／デジタル時代において、ますます顕著になっている風景、写真、そして視覚自体の虚構性をあけすけなまでに露わにしてしまった作品といえるが、それだけでなく、情報化社会における写真・イメージとは何なのか？という根本的な問いかけが内在しているのである。

インターネットに溶けていく写真・イメージ

スーザン・ソンタグは「今日、あらゆるものは写真になるために存在する」（『写真論』[2]）と言ったが、その言葉はまさにインターネット／デジタル時代の到来を予言したかのようである。

ここでは、主に、写真・イメージを取り巻く環境について、法的側面から観察してきた。

例えば、肖像権という権利はカメラの発明により産まれてきた権利であり、カメラが生まれなければ肖像権という権利も生まれてこなかった。そのような事実に接すると、肖像権のことを考えることは、カメラ、そして写真・イメージのことを考えることにもつながるように思う。

写真・イメージについて法的な視点から帰納的に考察することがどれだけの意味があることなのかはわからない。しかし、法や権利は社会の欲望の鏡であり、そのような法や権利の側面から物事を考えることも、我々の文化についての考察にとって決して無駄ではないように思うのだ。

あるいは、別の考察も可能である。それは「オープン・カルチャー」の観点からの考察である。オープン・カルチャーとは、他者、特にインターネットという匿名の第三者の集合体を介在させることによって発展するカルチャーと個人的には定義している。その意味で、無料であること、権利的にフリーであることを志向する「フリーカルチャー」という言葉とは似て非なるものである（もちろん相互に切っても切り離せない密接なものであるが）。ここで紹介した写真家たちの作品に共通することは、その作品の背後に不特定あるいは特定・多数のクリエイションが透けて見えることである（筆者はそれを「集合的写真」とひとまず呼んでみたい）。それはインターネットというフィルターを通した作品であるからに違いないが、それはまさにアフターインターネット時代のオープン・カルチャーに他ならないと考えている。

情報技術により、人が一生かかっても見きれない量の写真が日々生産されゆく時代。写真がますますイメージとして我々の生活に氾濫し、溶けていくとき。そのような時代に、写真家は世界の何を切り取り、何を撮るのか？　写真というアートフォームは作家の思考をあまりにもシンプルに表出する（してしまう）からこそ、そのようなことを考えると、なんだか写真がこれまで以上に魔力的な魅力をもって迫ってくるように思えるのだ。

―1―シャーロット・コットン『現代写真論――コンテンポラリーアートとしての写真のゆくえ』（大橋悦子・大木美智訳、晶文社、二〇一〇年）
―2―スーザン・ソンタグ『写真論』（近藤耕人訳、晶文社、一九七九年）

# 6　ゲーム

## ゲームとインターネット、それぞれのアーキテクチャ

ゲームとは、元来、囲碁、将棋、チェスのようなアナログゲームからサッカー、野球のようなスポーツまでを含む、多義的な言葉である。だが、近年ゲームといえば、コンピューターゲームを指すことも多くなった。もっとも、コンピューターゲームだけを取って見ても、プレイステーションなどの家庭用ゲームから、『艦隊これくしょん』のようなPCゲーム、『モンスターハンター』『妖怪ウォッチ』のようなニンテンドーDSなどのモバイルゲーム、そして、

『パズル&ドラゴンズ』のようなスマートフォン・ソーシャルゲームまで、ソフトもハードも含むさまざまなプラットフォームとそこで形成されるアーキテクチャが存在する。

本書における「アーキテクチャ」とは、法律や規範（慣習）とは異なり、人間の行為そのものを技術的、物理的にコントロールする仕組みのことを指す。一般にゲームでは、何らかの課題や目的の実現に向かって、プレイヤーを動機づけたうえで、ゲーム内のルールを通じて、プレイヤーを適切にコントロールするための仮想空間の情報環境・アーキテクチャを設計し、それをパッケージ化して販売する。本書では、この二〇年間程度で急速に拡大してきたインターネットにおけるアーキテクチャに焦点をあてているが、インターネットだけでなく、ゲーム内の仮想空間もまたアーキテクチャの設計が妥当する。いや、むしろアーキテクチャの設計という観点からは、ゲームはインターネットに先行している分野といえる。ゲームには、現実世界におけるゲームを取り巻く情報環境というアーキテクチャと、ゲーム内で設計された仮想空間としてのアーキテクチャという二層のアーキテクチャが存在することになる。これが他のコンテンツと比較した、ゲームの特徴であるということも可能であろう。

## ゲーム開発・製作における契約とゲームに発生する権利

ゲームの開発・製作においては、映画と同様、製作委員会方式で共同製作契約や製作委員会契約を交わされることが多い。これは、ゲーム開発にも多数の関係者が参与し、多額の資本が必要になることや、著作権法上における映画とのアナロジーに起因すると考えられる。ゲームの二次利用としては、別のゲーム・プラットフォームへの移植やノベライズ、コミック化、アニメ化、キャラクターの商品化などさまざまなメディアミックスの形態がある。昨今爆発的な人気を誇る『妖怪ウォッチ』や『艦隊これくしょん』などは、ゲームからテレビアニメ化、映画化、グッズ化など、ゲームとして典型的なメディアミックスを展開している。製作契約の段階から、幹事会社やそれぞれの二次利用の際の窓口となる権利、いわゆる「窓口権」を明確にし、製作段階から知財の利活用を意識した契約を取り交わすことが重要である。

ゲームに発生する権利について、裁判所は、ロールプレイングゲームなどの映像を多用したゲームに関し「映画の著作物」（著作権法10条1項7号）と判示する一方で[1]、シミュレーションゲーム『三國志Ⅲ』に関しては、瑣末な部分に映像が用いられているにすぎないという理由で「映画の著作物」とは認めなかった[2]。裁判所の考え方を前提にすると、純粋なアイデアに還元できるシンプルなゲームや、瑣末な部分にしか映像が使用されていないゲームを除き、家庭用ゲームやコンピューターゲームの多くは、映像をその主要な構成要素としているので、「映画の著作物」に関する著作権法の規定や考え方がそのまま当てはまると考えられている[3]。

　下の表はゲームに発生する著作権を概観したものである[図1]。（1）アイデアに還元できるシンプルなゲームについては、アイデアは著作物ではないことの帰結から著作権法上保護されない。（2）「非映画的なゲーム」については、著作権法の一般原則にしたがい、各コンテンツを製作したクリエイター自身が著作者、著作権者となると考えられるが、現実的には各クリエイターが所属する企業に職務著作（著作権法15条1項）が成立す

■図1　ゲームに発生する著作権

| | 非映画的なゲーム(2) | 映画的なゲーム(3) | | | |
|---|---|---|---|---|---|
| | | ゲームから分離できない | | | ゲームから分離できる |
| 取扱い | 著作権法の一般原則通り | 映像、アニメ、テキスト | プログラム | シナリオ | キャラクター、音楽、BGM |
| 著作者 | 各コンテンツを製作したクリエイター | 映画の著作物の全体的形成に創作的に寄与した者（著作権法16条） | プログラマー | シナリオライターor映画の著作物の全体的形成に創作的に寄与した者 | 各コンテンツを製作したクリエイター |
| 著作権者 | 同上 | 映画製作者（著作権法29条1項） | 同上 | 同上or映画製作者 | 同上 |

※ アイデアに還元されるゲーム(1)は、著作権では保護されない。
※ ゲーム全体もひとかたまりの一つの著作物として捉える考え方もあるだろう。
※ ただし、職務著作の成立や契約によりゲームメイカーが著作者・著作権者になることが多い。

るケースが多いであろう。（3）「映画的なゲーム」については、「映画の著作物」として、著作者は「そのゲームの全体的形成に創作的に寄与した者」（同法16条1項）、具体的には、ゲームデザイナー、プログラマー、ゲームディレクター、シナリオライター（原作がある場合の原作者は除く）などになると考えられる。著作権者については、ゲームメーカーが自社内でゲームを製作した場合にはゲームメーカー、製作を外注した場合には発注者ではなく受託したゲームメーカーが、現場を仕切る役割を担い、当該ゲーム製作において「発意と責任」を持った「映画製作者」（同法2条1項10号）として著作権者となることが多いと考えられる。

ゲーム業界では、発注者側に当然に著作権が生じるという認識も根強い。しかし、「映画的なゲーム」においては、法的には前述のとおり整理される可能性が高く、そのような認識を前提とした実務には相応のリスクがある。ただし、もちろん先述の整理は、契約がなく著作権法が適用された場合の話であり、契約に基づく特別な合意がある場合は別である。現実問題としては、契約においてリスクマネーを投下した発注者側に著作権が譲渡されるケースがほとんどであろう。

「映画の著作物」として保護される映画的なゲームのコンテンツとしては、①画面、アニメーション、映像、テキスト、②脚本・シナリオ、③プログラム[4]などがある。④画面遷移（画面が移り変わる順序）については、スマートフォンアプリなどにおいて重要性を増してきているが、これが著作権法上保護されるかについて、裁判所はまだ確たる判断を下していない。「映画の著作物」とは別に、⑤キャラクターのイラストや、⑥音楽やBGMには音楽家の著作権、著作隣接権であるレコード製作者の権利が発生し、声優などの歌唱やナレーションなどがあれば実演家の権利が発生することも多い。

## MOD、ゲーム実況などのユーザー参加型コンテンツ

「MOD」とは、Modificationの略であり、ゲームのグラフィックやさまざまなデータを改造するプログラムなどのことをいう。MODを導入することによって、ゲームを改造し、そのゲームのグラフィックなどの基本システムを用いつつ、本編とは別のシナリオやグラフィック、モデル、システムで遊べるようになる。一九九〇年代から、海外のPCゲーム、特に開発の難しいFPS（ファースト・パーソン・シューター）[5]のような3Dゲームにおいて数多くのMODを利用したいわゆる「インディーズゲーム」が作られ、インターネットの普及により、素人でも自作のインディーズゲームを簡単に公開、配布できるようになった。また、かつてゲ

ーム開発には、莫大な人数、知識そして資金が必要だったが、現在では、「Unity」や「Unreal Engine」といった一部無償で利用可能なゲームエンジン・ソフトウェアや、「Blender」や「Playground」などのオープンソース化されているゲームエンジンの登場により、個人レベルでもゲーム開発が可能になっている。キックスターターなどのクラウドファンディングでゲーム開発資金も簡易に募れるようになってきたこともある。このような改造行為は、ゲームの著作者が有する同一性保持権を侵害する可能性があるため、当然ながら、すべてのソフトメーカーがMODを好意的に受け止めているわけではない。もっとも、現在では、世界中で大人気のインディーズゲーム『Minecraft』のように、ゲームの基本設計からユーザーによるMODを前提とした作りになっているゲームも増えてきている。[6]

MODはゲーム開発へのユーザーの参加であるが、インターネットを介したゲームの流通やマーケティングにおいても、ユーザー参加型のコンテンツを権利者が法的にどのように取り扱うかが課題になってきている。ネット上に氾濫している「ゲーム攻略サイト」や、ニコニコ動画などで人気を博している「ゲーム実況」はその最たるものだろう。ゲーム実況とは、ニコニコ動画やYouTubeなどの動画共有サービスなどにおいて行なわれる、ゲームをプレイしている動画に対してリスナーが実況コメント等をすること、またはプレイヤー等が喋りながらゲームをプレイするコンテンツをいう。ゲーム実況において、ゲーム画面を録画または撮影する行為は、「映画の著作物」の「複製」となり、著作権者の許諾を受けていない場合は著作権侵害が成立する。「私的複製」（著作権法30条1項）の範囲内であれば問題はないのだが、ゲーム実況の多くは動画共有サービス上に実況をアップロードして不特定多数に閲覧させるから「公衆送信」に当たり「私的複製」には該当しない。また、改変ツール等でデータを改ざんし実況をアップすることもあるが、これは同一性保持権も侵害している可能性がある。このようなゲーム実況や「ゲーム攻略サイト」は、ゲームタイトルのマーケティングや話題作りになるケースも多く、権利者による放置または黙認されたグレーゾーンにおいて、権利者もその対応を決めかねているのが現状である。[7]

## ライセンスによる二次創作の促進

このようなグレーゾーンから進んで、公式にゲームの二次創作を促進する試みも生まれている。『ぷよぷよ!!』は「ひとりでぷよぷよ」というモードのみ、動画共有サービスへの動画の投稿を黙認することを表明している。[8] また、『グランツーリスモ5』では、プレイ動画を

YouTubeにアップロードする機能が備わっており、これは黙示の許諾があると判断すべきだろう。ニコニコ動画側も、「実況チャンネル[図2]」という公式な実況動画が配信される仕組みを設けて、権利者とユーザーにとってウィン・ウィンの関係になるアーキテクチャを設計しようとしている[9]。

　ゲーム業界の著名人が集結してインディーズゲームを製作していく「モンケン」プロジェクトは、クリエイティブ・コモンズ・ライセンスを採用し、ゲームコンテンツやさまざまなデータを公開し、二次利用を促すことで、ゲームの改良や派生物が生まれてくることを推進するという試みを行なっている。これは、ゲーム界における「初音ミク」を生み出そうとするトライといえるだろう。

　また、二〇一四年には、ゲーム業界大手のバン

■図2　ニコニコ動画の「ファミ通.com」による実況チャンネル
・ファミ通.com「ニコニコ"自作ゲームフェスステージ"最終日リポート：有名ゲーム実況者が挑む〈TGS 2014〉」より
(http://www.famitsu.com/news/201409/24062139.html)

ダイナムコエンターテインメントが日本国内のクリエイターに向けて、『パックマン』、『ゼビウス』などの往年の名作ゲームの特許を含むIPを解放する「カタログIPオープン化プロジェクト」を開始した。本プロジェクトは、「法人」、「個人クリエイター」、「学校」、「動画投稿」という四つの利用者・使用態様に分けて、ライセンス契約の内容を区別したうえで、開放したIPで収益があがった場合にはバンダイナムコに還元する仕組みであるが、その反響の大きさから、当初は二〇一六年三月までの二年間限定であったが、二〇一八年三月まで延長されることになった。また、任天堂は二〇一四年十二月からニコニコ動画の「クリエイター奨励プログラム」に参加し、『スーパーマリオブラザーズ』『ゼルダの伝説』などの二五〇以上の任天堂のゲームタイトルを利用した「ゲーム実況」動画や「弾いてみた」「描いてみた」などのサービスにおいて二次創作動画が公認されるようになったことは大きな話題となった。当面はニコニコ動画のみの対応で、ニコニコ生放送や他のニコニコのサービスには非対応であるが、バンダイナムコや任天堂のようなゲーム分野でのビッグプレイヤーが二次創作作品を公認することにより、今後このような流れが加速する可能性がある。

## パッケージからの解放

一般にゲームとは、ゲームを開発する側があらかじめアーキテクチャを設計したものをパッケージ化して販売するものであり、これまでのゲームは基本的にはユーザーはその改変を行なうことはできないことを特徴としてきた。しかし、MODやゲーム実況などのゲーム分野における二次創作の活況ぶりは、ゲームという情報コンテンツをパッケージ化し販売してそれで終わり、という一方向なパッケージ・モデルから、ユーザーの参加や体験といった価値を付加して初めてゲームとして完成するというような、ユーザー参加型モデルへの移行を指向しているように思われる。今後は「実況されて初めてゲームが完成する」ようなタイトルも出てくるだろう。また、例えば、『シヴィライゼーション』[10]や『メタル・ギア・ソリッドV』などに見られる、ユーザーが仮想世界を思いのまま自由に動き回ったり、特定の結末がなくユーザー自身が終わりを設定する「オープンワールド」というようなシステムを取り入れているゲームもある。このような流れの先には、画面等のインターフェース上に展開するプログラムや映像の作者だけでなく、それをプレイするユーザーもゲームの作者であるという考え方も出てくる。ユーザー参加型ゲームが広まる昨今の流れのなかで、これまで概念上の問いかけにとどまっていたこのような議論について、『ときめきメモリアル』事件最高裁判決をめぐって議論されている、いわゆる「ゲームバランス論」などとの関係でも、改めて法的な問題としても検討しなければならない時期が早晩訪れるのではないだろうか[11]。

## 現実世界に介入するツールとしての「位置情報×AR」

ここまで、ゲームソフトにおける権利の帰属や契約形態を整理したうえで、ゲーム分野においてもMODやゲーム実況などの二次創作やユーザー参加型コンテンツが活況を呈していることについて触れてきた。

元来、ゲームは人間が現実世界から仮想世界に没入し、仮想世界内で完結するものであったが、いわゆる「位置情報ゲーム」を見ると、今では逆に仮想世界から現実世界への介入も起きているように思われる。位置情報ゲームとは、携帯電話の位置登録システムにより取得した位置情報を利用したゲームである[12]。

『Ingress』は、Googleの社内スタートアップであったNianticが開発・運営するスマートフォンのGPS情報と拡張現実（AR）技術を利用したオンライン位置情報「陣取りゲーム」である。ゲーム上の仮想世界での行為が現実世界に相互作用するゲームという特性上、特定の地域のプレイヤーがGoogleハングアウトなどのオンライン・ビデオ通話を使ってコミュニティを形成したり、オフ会をやったりするプレイヤーも出てくるなど、ゲーム内の仮想世界にとどまらない動きが生まれた。このIngressで集積した位置情報を利用して生まれたのが、二〇一六年に世界的に大ヒットしたスマートフォン・アプリケーション・ゲーム『Pokémon Go』である。Pokémon Goの利用規約でも、仮想世界と現実世界の衝突、すなわち、ユーザーの安全性について配慮がなされている。

「ゲームプレイ中は、お客様の周囲の状況に

■図3　Ingressで集積した位置情報とスマートフォンのGPS情報、さらにはAR技術を利用したPokémon Go

注意し、安全にプレイしてください。お客様は、お客様による本アプリの利用及びゲームプレイはお客様自身の責任で行うこと、並びに、本サービスの利用中にお客様が被る可能性のある損害に関してお客様が合理的に必要であると考える健康保険、損害賠償保険、災害保険、人身傷害保険、医療保険、生命保険及びその他の保険契約をお客様の責任において維持することに同意するものとします。（中略）上記を制限することなく、お客様は、お客様による本アプリの利用に関連して、他者に精神的苦痛を与えないこと、他者に屈辱を与えないこと（人前であるか否かを問いません。）他者を攻撃又は脅迫しないこと、許可なく私有地に侵入しないこと、他者になりすますか、又は、お客様の所属、肩書若しくは権限を偽らないこと、並びに、傷害、死亡、物的損害又はあらゆる種類の責任を引き起こす可能性のあるその他の活動に関与しないことに同意するものとします。（Pokémon Go利用規約「安全なプレイ」）」

このように位置情報とARを活用したゲームにおけるユーザーの安全性は憂慮されており世界中で社会問題化していたが、二〇一六年九月には京都でクレーン車の運転者が信号待ち時にPokémon Goをプレイしていて、発進した際にミニバイクに追突し、ミニバイクの運転者が死亡するという事故が起きてしまった。この事件をPokémon Go特有の問題と捉えるかは議論が分かれるところだろうが、二〇一七年一月に被告人に五年の執行猶予付きの禁錮一年六ヵ月の有罪判決がくだされた。このようなゲームにおける仮想世界と現実世界の衝突の歪み、今後形を変えて頻発することが予想される。

## 仮想現実を加速させるVR技術

冒頭で、ゲームの特性として仮想現実を挙げたが、ゲームにおける仮想現実の精度はこれまで不十分なものであった。しかし、OculusVR社が仮想現実（VR）対応のヘッドマウントディスプレイ（HMD）「Oculus Rift」を発表して以来、業界的にVR技術を利用したゲーム開発の動きが加速している。二〇一四年には、バンダイナムコゲームス社がソニー・コンピューターエンターテインメント社（SCE）による「Project Morpheus」のHMDを導入した最新コンテンツ『サマーレッスン』を発表。また、位置情報ゲームで有名なコロプラ社も、Oculus Rift対応アプリケーション『the射的！VR』や『白猫VRプロジェクト』、さらにOculus Riftタイトル専用コントローラーアプリ「colopad」などの提供を始めた。これらのVR

HMDは、ゲームにおけるVR体験を大幅に向上し、ゲーム表現の幅を一新する可能性を秘めているということで注目を集めてきた。二〇一六年には、「PlayStation VR」が発売し、その発売とともにリリースされたシューティングゲーム『Rez Infinite』は、VRが見せてきた「未来」を新しい体験として提示して見せたことで、ここにきてVRには過剰とも言える期待が集まっている。

では、このようなVR HMDの普及により、どのような法的問題が生じてくるだろうか。

まず、いわゆる「VR酔い」と呼ばれる現象や健康に対する手当として、利用規約等により、ユーザーの対象年齢を引き上げたり、過度にプレイ時間が長くならないように求める等の対応が必要になろう。例えば、上記『白猫VRプロジェクト』の利用規約[13]では、十三歳未満の利用を禁止したり、

このソフトウェアの使用は、乗り物酔いに類似の操作酔いを誘発する可能性があります。ユーザーは以下の事項に従うものとします。

- 定期的に休憩を取ること。
- 酔いまたは調子が悪いと感じたときには、すぐにこのソフトウェアのプレイを中止し、

症状が完全に回復するまでプレイを再開しないこと。
・必要に応じて医師の診断を受けること。

等と規定している。

また、位置情報ゲームと同様、VR技術を利用したゲームにおいても、現実世界での所作についても注意喚起が必要になる。再度『白猫VRプロジェクト』の利用規約を参照すると、

ユーザーがこのソフトウェアをプレイする場合、ユーザーは周囲の環境に気をつけなければなりません。人々が行き交う場所におけるこのソフトウェアのプレイは推奨しません。ユーザーがこのソフトウェアをプレイする場合、ユーザーは着席しているかまたは固定されていなければなりません。歩行中にこのソフトウェアをプレイしてはなりません。

等と規定している。

## VRに潜む法的課題

VR技術が発達すればするほど、迫力や現実感、「コンプガチャ」で問題になっている射幸性などが増大し、これまで以上に現実世界とゲーム内の仮想現実の混同や衝突が生じ、これらを回避または防止する施策が必要になってくるだろう。例えば、ゲーム内アイテムの法的保護の可否およびその取扱いや、[14]ゲーム上のキャラクター、アイテム、ゲーム内仮想通貨等を、現実の通貨で売買するリアルマネートレーディング（RMT）の制限または禁止、出会い系や、未成年者による高額課金、なりすましの問題における民法上の未成年者取消の可否などゲームにおける青少年保護の問題など、さまざまな局面において現実世界における第三者の権利侵害のおそれや程度が高まることが予想される。

実際に、不正アクセス禁止法違反の事例では、IDを不正利用してオンラインゲームに侵入し、他人が保有しているゲーム内通貨やアイテム類を無断で放棄したり、他人になりすまし、不正にゲーム内通貨を発行し、これを専門のネット業者を通じて数千万円もの現金に換金した事例なども発生している。また、VRの事例ではないが、リアルな描写により世界的なヒット作となった「プレイステーション2」用のゲームソフト『グランド・セフト・オートⅢ』について、二〇〇五年に、神奈川県は、残虐な内容を理由に、神奈川県青少年保護育成条例の「有害図書」に指定し、同条例に基づき、一八歳未満への販売を禁止した。その後、ほとんどの県で同様に有害図書に指定された。現実世界と仮想世界の混同や衝突の問題は、いよいよ対岸の火事では済まなくなってきている。

## リアルとバーチャルの境界のデザイン

すでに述べてきたとおり、MODやゲーム実況などの二次創作の活況は、ゲームという情報コンテンツをパッケージとして販売してそれで終わり、という一方向の「パッケージ・モデル」から、ユーザーの参加や体験といった価値を付加して初めてゲームとして完成するというような、「ユーザー参加型のモデル」を指向しているのではないか、と述べた。

この流れに位置情報やVR技術の発達が相まることにより、ゲーム上の仮想世界の価値はますます現実世界のそれに近づく。それは、パッケージ・モデルからユーザー参加型モデルへの移行にとどまらず、ユーザーにとってのゲームの価値が、パッケージとしての消費ではなく、ゲーム内の仮想世界へのアクセスやその仮想世界での「体験」に移行することも意味する。その結果、ゲームは、いわば仮想世界への「入場料」を取るモデル、仮想世界へのアクセス権に課金するモデルに移行するだろう。これは、すでにMMORPGやソーシャルゲームなどのオンラインゲームにおいて、ゲーム事業者がゲームをサーバに格納し、これにユーザーがインターネット経由で仮想世界にアクセスし、ゲーム事業者が、利用規約やガイドラインを利用してゲーム内の仮想世界やコミュニティを管理・運営するモデルに移行している状況にも看取することができる。

そして、VR技術の発達により現実世界と仮想世界の境界が融解し、ゲームがパッケージ・モデルからアクセス・モデルへ移行することにより、これまでのユーザーが現実世界から仮想世界に一方方向に没入する環境から、ユーザーが現実世界と仮想世界を反復継続して、自由に双方向に往来する環境が生じることになる。そこで生じる現実世界と仮想世界の混同や衝突に関する諸問題は、暴力的なまでに複雑度を増すであろう[15]。

ゲーム事業者側としては、現実世界と仮想世界という二つのアーキテクチャとその融解しつつある境目を意識しつつ、ユーザーがその間を適切に、安全に行き来できるように設計することが、法的な面からも、アーキテクチャの面からも必要になってくる。もっとも、個人的には、この現実世界と仮想世界の境界のデザインにおいて法律や契約によりできることには限りがあるため、より重要になってくるのはアーキテクチャの設計であると感じている。なぜなら、現在の法は、あくまで現実世界との接点においては効力を持ち、仮想世界の設計においては無力だからである。アーキテクチャの設計にこそ法的な視点が不可欠であり、この分野では情報アーキテクトたるプログラマーと法律家の協働がますます求められることになるだろう（もっとも、これはゲームに限ったことではないことは本書で繰り返し述べている通りである）。

## 映画アナロジーからの脱却と著作物の性質決定

パッケージ・モデルからアクセス・モデルへの移行等、ゲームを取り巻く現況を考慮すると、もはやゲームと映画を同種の表現として捉えることができないことは自明であるが、法律論としてもゲームを「映画の著作物」（著作権法10条1項7号）として捉える必要性があるのか再検討すべきである。

つまり、ゲームを「映画の著作物」として捉えるメリットには、次のようなものがある。

①頒布権（著作権法26条）が認められる
②監督等の参加約束を条件に「映画製作者」に著作権が帰属する（同法29条1項）
③ワンチャンス主義（実演家がいったんその実演を録音・録画することを許諾した場合には、以後、実演家は当該映画の著作物に関する限り、録音権、録画権（有線）放送権、送信可能化権を行使することができないとされている（同法91条2項、92条2項、92条の2第2項））
④保護期間が公表後七〇年となる（同法54条。団体名義の著作物の保護期間は公表後五〇年が原則）

過去の裁判例において、ゲームが「映画の著作物」であると主張されてきたのは、頒布権が認められる「映画の著作物」とされたほうが著作権法上有利な取扱いが受けられるからであった。しかしながら、平成十一年の著作権法改正により、映画の著作物以外のすべての著作物に譲渡権（同法26条の2）が付与されることになり、また、前回紹介した中古ゲームソフト事件最高裁判決により、映画の著作物に認められる頒布権も譲渡により国内消尽することが認められたため、メリット①のために映画の著作物と主張する必要は乏しくなった[16]。

もっとも、過去の裁判例ではフォーカスされていないが、「映画の著作物」であるとされた場合のメリットは、頒布権以外にも存在する。前回述べたとおり、ゲーム開発の実務においては、「映画の著作物」とされたとしても、職務著作が成立するケースが多く、著作権法29条ではなく、同法15条1項で処理されるケースが多いため、メリット②について差異は少ない[17]。メリット③については、ゲームにおける実演家の関与は映画と比較して限定的という見解もあるが、昨今モバイルゲームをはじめ声優などのプレゼンスが高まっていることを考慮すると、無視できない差異になる可能性がある。また、メリット④も一九七〇年代に制作されたコンピューターゲームが二〇二〇年代には公表後五〇年を迎えることを考慮すると、今後大きなメリットになりうる。

このように、ゲームを「映画の著作物」として捉えることにメリットがあるか否かは、ケース・バイ・ケースである。しかし、そのようなメリットがある事案においてのみ都合よく「映画の著作物」としての主張がなされることは理論上好ましくない。近時では、ゲームが少なくとも「プログラムの著作物」に該当する事実を素直に認め、「プログラムの著作物」を中心に構成する見解が主張されている。[18] 最終的には立法政策の問題であろうが、私見では、早急に映画のアナロジーから脱却したうえで、映画の著作物とされた場合のメリット・デメリットという法律論からではなく、ゲームの表現として本質やその取り巻く環境の差異に着目した、著作物としての性質決定が肝要ではないかと考えている。

―1― 最判平14・4・25民集56巻4号808頁、最判平14・4・25判時1785号3頁〔中古ゲームソフト事件〕

―2― 東京高判平11・3・18判タ1010号286頁〔三國志Ⅲ事件〕

―3― 東京地判平6・1・31知的裁集26巻1号1頁〔パックマン事件〕

―4― ゲームを構成するプログラムは「プログラムの著作物」（著作権法10条1項9号）としても保護される。つまり、映像的表現を伴ったゲームの多くは、「映画の著作物」と「プログラムの著作物」の複合的な著作物であると整理される（松田政行『著作権法の実務』経済産業調査、二〇一〇年、三八頁）。なお、「映画の著作物」と認定されるゲームにおいて、そのゲームから分離できないプログラムを「プログラムの著作物」として別途保護すべきか否かは議論があるだろう。

―5― ゲーム内の主人公になりきる形で、主人公の視点を用いてゲームの世界・空間で行動できるアクションゲーム。戦争物などで多く取り入れられている。

―6― 『コールオブデューティ モダン・ウォーフェア2』や『バトルフィールド バッドカンパニー2』などは、以前はともにMODツールが提供されていた。ただし、現在では提供されていない。

―7― ゲーム実況について、著作権法上の「引用」（同法32条1項）の範囲に収めつつ、音楽などについては「付随対象著作物の範囲」（同法30条の2）で処理すべきとするという見解もある（「企業法務マンサバイバル」（http://blog.livedoor.jp/businesslaw/archives/52389181.html）。

―8― 「『ぷよぷよ!!』プレイ動画についての規約」第1項（4）「利用可能なものは「ひとりでぷよぷよ」（「がっこう」「とことん」「フリーたいせん」のみ。「ストーリー」「ショップ」は除く）」「みんなでぷよぷよ」「Wi-Fi」「せいせき」「おぷしょん」（「かんしょう」内の「デモ」は除く）のプレイ動画のみです。ネタバレとなる「ひとりでぷよぷよ」内の「ストーリー」「ショップ」、「おぷしょん」内の「デモ」に関してはプレイ動画をご利用いただけません」（http://puyo.sega.jp/puyopuyo!!/agreement/index.html）

―9―もっとも、「実況動画チャンネル」はそれなりに人気の実況動画でないとそもそもチャンネルを作ることはできないという難点もある。

―10―人類文明の歴史と発展をテーマにしたターンベースのストラテジーゲームである。一手一手をプレイヤーが、じっくりと考えてゲームを進めることができる。ゲーム内容は、いわゆる戦争ゲームではなく、文明の発展や人類史そのものを扱っている。

―11―法的にも、日本の著作物概念には「固定」という要件がないため、ユーザーの参加を待って初めて完結するゲームが著作物とされる可能性も十分に考えられる。ゲーム開発者が意図した「ゲームバランス」を害する行為を、主観的な事情をもって判断するのか（最判平13・2・13民集55巻1号87頁［ときめきメモリアル事件］）、ゲームとはユーザーの自由な作動でさまざまに展開するものと捉え、ユーザーに明確に伝わったゲームプログラムの改変禁止の範囲を超えたか否かという客観的な事情をもって判断するのか。MODやUGCをゲーム文化の一部として取り込んでいくのであれば、後者の解釈のほうが調和的であろう。

―12―なお、「位置ゲー」は位置情報ゲームを多くリリースしている株式会社コロプラの登録商標である。

―13―英文のみ（https://share.oculus.com/app/shironeko-vr-project--vr）。（同規約は英文のみが提供されているため、いずれも筆者による抄訳）

―14―現状、オンラインゲームにおけるアイテムは、ゲーム上の情報にすぎず、有体物ではないから、所有権は認められない（民法206条、85条）。ただし、ユーザーがゲーム内で取得したアイテムが法的に保護されるケースもある。アイテムが保護されるか否かは、利用規約の規定ぶり、アイテムの位置付け、ゲームの提供が有償か否か、アイテムの取得が有償か否か、購入画面の表示方法・価格等が総合考慮されるが、特にゲームの提供およびアイテムの取得が有償か否かが重視されるとされている（経済産業省「電子商取引及び情報財取引等に関する準則」iii-97）。

―15―ゲームに関する技術という観点からは、VR技術と同様に注目されている、マイクロソフト社が開発した「Kinect」のような、コントローラーなしでジェスチャーや音声認識によってゲームを操作ができるセンサー・デバイスもある。しかし、本稿の文脈では、これはあくまで現実世界から仮想世界への没入をスムーズにするための技術であると評価する。

―16―頒布権の国際消尽についての裁判例はないため、この点について、映画の著作物として捉える必要性がまったくなくなったとはいえないとする見解がある。

―17―「映画の著作物」と認定された場合でも、職務著作が成立する場合には、職務著作に関する著作権法15条1項が優先して適用されるため（著作権法29条1項は同法15条1項が成立する場合を除いている）、映画と異なり、職務著作が成立することがほとんどであるゲームの実務においては、映画の著作物に関する同法29条第1項の適用が問題になるケースは多くはない。

一18一「映画の著作物」と「プログラムの著作物」とが単に併存しているにすぎないのではなく、両者が相互関連して「ゲーム映像」とでもいうべき複合的な性格の著作物を形成しているものと捉えるべき見解（松田政行編著『著作権法の実務』経済産業調査会、二〇一〇年、五頁、大阪高判平11・4・27判時1700号129頁）や、「プログラムの著作物」であることを中核に置きつつ、ゲームソフトをプレイした結果モニターに映し出される連続影像については、原則として、「ゲームソフト」というプログラムを実行して当該連続影像を作り出したプレイヤーの映像著作物と捉えるべきであり、ただし、メーカーが用意したパーツ部分（例えばキャラクターデザインやマップ画像、際限なく繰り返されるBGMや、ミサイルが飛来していく姿等の短い連続影像等）については、別途美術（絵画）の著作物や音楽の著作物、映像著作物として捉えれば足りるとする見解（小倉秀夫「コンピューター・ゲームと著作権」（『CIPICジャーナル』一九九八年一〇月号）などが存在する。

# 7　ファッション

## ファッションとオープンソース

日本発のコンテンツとして、現在世界的な人気を得ているボーカル・アンドロイド＝ボーカロイド「初音ミク」は、その成功の理由として、オープンソースを活用していることが指摘されている。

オープンソースとは、もともと、ソフトウェアの設計図にあたるソースコードを、インターネットなどを通じて無償で公開し、誰でもそのソフトウェアの改良や再配布を行なえるようにすることをいう。LinuxやMozilla Firefoxなどの成功とともに、ソフトウェアの分野において提唱された概念である（これらのソフトウェアは「オープンソース・ソフトウェア」と呼ばれる）。このオープンソースという概念は、ソフトウェアの分野にとどまらず、WikipediaやFlickrなどの文章、音楽、画像、映像等のコンテンツの分野に次第に波及した（これらのコンテンツは「オープン・コンテンツ」などと呼ばれる）。そして、この流れは、現在Arduinoに代表される電子工作などのハードウェアやプロダクトの分野に及んでおり、「オープンソース・ハードウェア」などと呼ばれている世界的な潮流となっている。

私は、二〇〇八年にクリエイティブ・コモンズ・ジャパンに参画して以降、主に国内の数々のオープンソース・プロジェクトに関与し、この分野をまたいだ潮流を近くで観察してきた。本項では、ファッションもまた、プロダクトなどのハードウェアの一つであり、オープンソースの潮流と無縁ではいられないことを具体例を交え説明したうえで、オープンソース・ハード「ウェア」としての衣服、そしてファッションの位置づけと、その可能性について試論してみたい。

## ファッションにおけるオープンソースの活用事例

クリエイティブ・コモンズ・ジャパンでは、二〇〇六年に、CCライセンスで公開されているMozilla Firefoxのマスコット「フォクすけくん」の画像をリミックスし、その場でアイロン印刷して、参加者に持ち帰ってもらうという「C-shirts」というプロジェクトを行なった。

私が知るかぎり、ファッションに潜在するオープンソースの可能性に意識的に取り組んだ最初の試みは、ベルリンのファッション・レーベルPamoyoが、二〇〇八年に衣服のパターン（型紙）や、アクセサリーのデザイン（設計図）をクリエイティブ・コモンズ・ライセンスで公開するというコレクションを発表したというものである［図1］。Pamoyoは現在は活動を停止しているようだが、Pamoyoのディレクターであったセシリア・パーマーは、「FASHION & CODE」（http://fashionandcode.com/）というオープンソースのファッション・プロジェクトを継続していることからも、Pamoyoが決して一過性のオープンソース・プロジェクトではなかったことは明らかであろう。

日本でも、同様に衣服の型紙にクリエイティブ・コモンズ・ライセンスを付与して販売するというプロジェクトが行なわれている。シアタープロダクツが二〇一二年に発表した「Theatre,

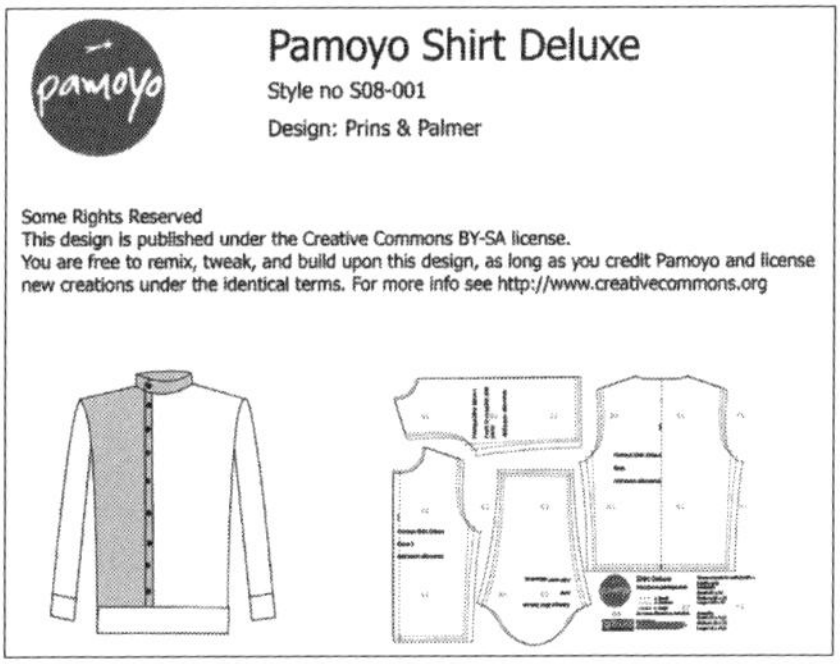


■図1　Cecilia Palmerらによる Pamoyoが公開している型紙

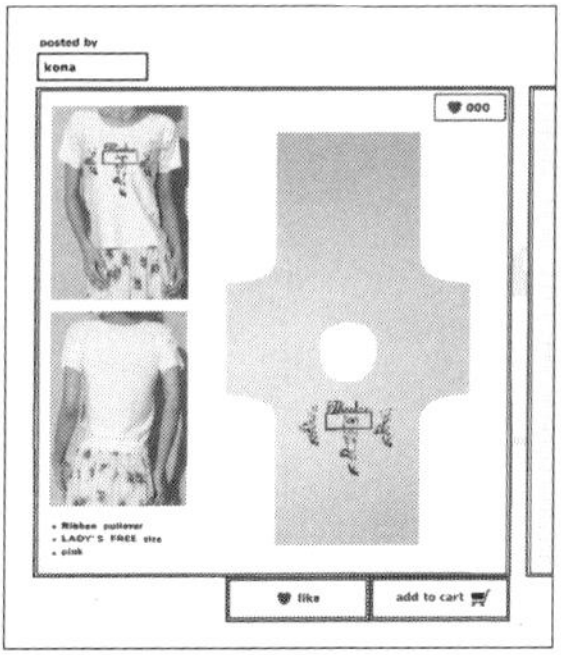


■図2　Theatre, yoursの型紙
Theatre, yours（http://theatreyours-wss.com/）

yours」というプロジェクトでは、クリエイティブ・コモンズ・ライセンスが付与された型紙を販売し、衣服の型紙と作り方をオープン化するとともに、ワークショップなどを各地で開催し、型紙からユーザーが制作した衣服をウェブサイトに集約することが行なわれた［図2］。シアタープロダクツは、このプロジェクトにより、単にファッションを販売し、消費するというユーザーとのコミュニケーションだけでなく、衣服を制作する体験や楽しさを作り手とユーザーが共有するということを企図している。

また、河村慶太による「Common Sleeve」というプロジェクトでは、ファスナーで着脱できる袖などの衣服のパーツを、同じファスナーの規格を採用している別の衣服のパーツと交換・共有できるようにし、衣服をモジュール化している［図3］。ユーザーは、シーズンや素材、そしてブランドさえも超えた自由な組み合わせ（リミックス）を楽しむことが可能になり、ファッションを個人による楽しみから他社との関わりに開いていくプロジェクトといえるだろう。

「Pamoyo」や「Theatre, yours」は、設計図にあたるソースを公開し、不特定多数に改変してもらう、という従来の意味でのオープンソースに忠実なプロジェクトであったといえるが、昨今オープンソースまたは「オープン化」の射程はもう少し広くなっている。つまり、オープンソースは、ソフトウェアからコンテンツ、そしてハードウェアに波及するにしたがい、単にソースを公開するという性質から、不特定多数の他者が参加し、共創を可能とすることで発展する事象、プロジェクト、そしてそのようなプラットフォームを用意することと、より広義の「オープン化」の意味を纏ってきている。「Common Sleeve」のようなプロジェクトも、このような広義の意味で、ファッションにおけるオープンソースの可能性を試みるものであると見ることができるだろう。

オープンソースの特性について、クリエイティブ・コモンズの活動に初期から携わっているドミニク・チェンは、①アクセシビリティ（オープンにすることで、作品が発見される機会を最大化し、フィードバックや収益性の工業であり、自身の活動への継続的な注目などが作者や提供者にもたらされること）、②エンゲージメント（派生作品を

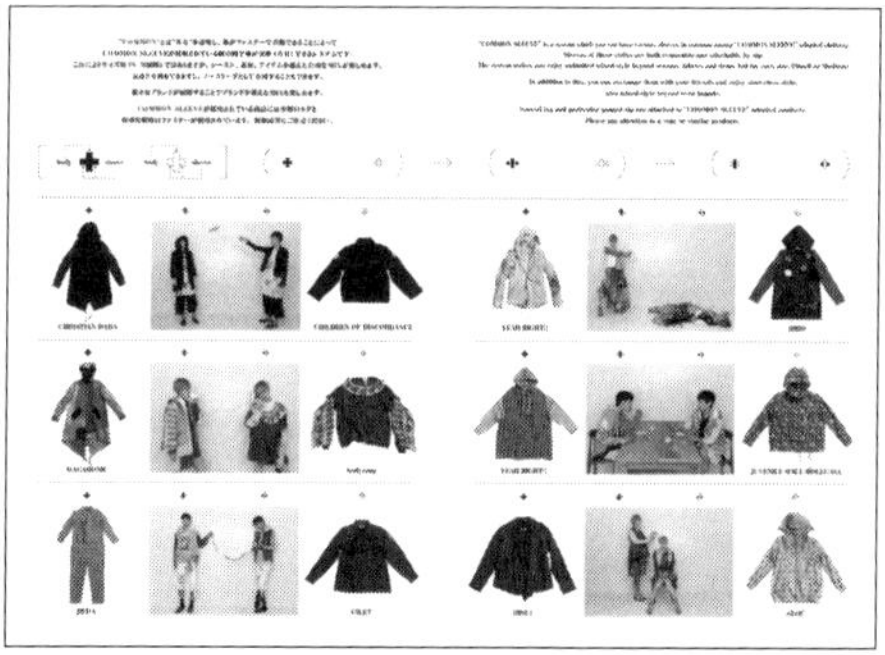

■図3　Common Sleeve（http://commonsleeve.com/）

公開・集積させ、より深く作品に接することで、信頼性の高いコミュニティの形成すること)、③ダイバーシティ(不特定多数の人のゆらぎを取り込んで、作品の成長を促していくこと)を挙げている。[1] この議論をファッションの分野に敷衍すると、オープンソースという文脈においては、①アクセシビリティや、②エンゲージメントを確保することで、音楽の世界にあるようなサンプリングやリミックスのカルチャーが、衣服のような日用品にまで展開し、③ダイバーシティのある豊かな創造性を発揮する、という状況が期待されているのだ。

## 3Dプリンターなどのデジタル技術の浸透

ソフトウェアやコンテンツのような無体物については、共創のためのインフラやプラットフォームを誰もがオープンに無償で利用さえできればオープンソースを実現できるが、ハードウェアのような有体物については、コストや輸送(ロジスティクス)の面でハードルがある。そのため、ソフトウェアやコンテンツと異なり、ハードウェアにはオープンソースの概念は馴染まないのではないかと疑問視する声もかつてはあった。

しかしながら、3Dプリンターなどのデジタルファブリケーションと呼ばれるデジタル工作機械群がこのコストやロジスティクスのハードルを一気に氷解できる可能性が注目されるつれ、オープンソース・ハードウェアのさまざまな可能性についても同時並行で言及がなされるようになってきている。また、これらのデジタル工作機械により、従来、手作業などでは生まれない新しい造形が可能になることから、単純にデザイン（意匠）の観点からも新しいクリエイションの可能性としても注目を集めている―図4―。

二〇一四年二月に、アメリカのMakerBOTという3Dプリンターの製造・販売を行なう企業が、ニューヨークで大規模なファッションショーを開催し、話題になった。各自の身体をスキャンし、それぞれの身体にぴったりのパーソナライズされたファッションアイテムを、3Dプリンターを用

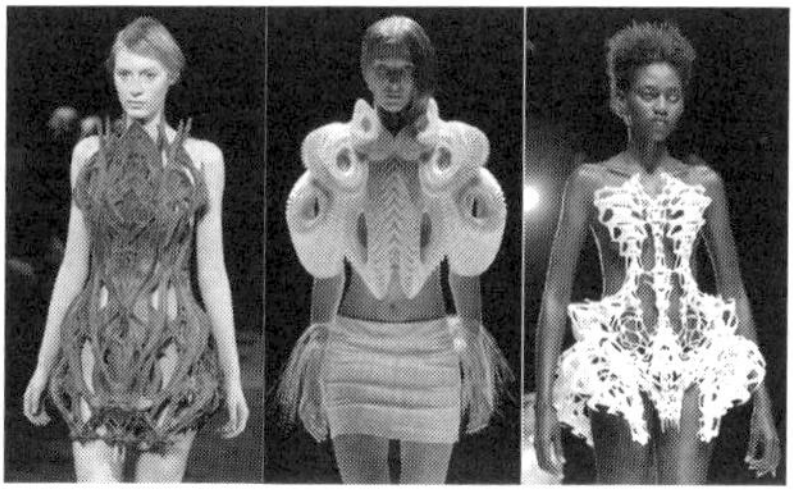

■図4　3Dプリンターを活用したイリス・ヴァン・ヘルペンによるファッションデザイン
・Surge-IT.com（http://www.surge-it.com/what-is-3d-printing-and-how-does-it-work/）

いて量産製造するというものだ。「衣服を縫う時代から印刷する時代へ」というコピーのもと、これらの動きは「Computational Fashion（コンピュテーショナル・ファッション）」と呼ばれ、すでにアクセサリーや靴などは市場に出始めている。これだけでなく、ニューヨークの先端的なアートセンターであるEyebeamがコンピュテーショナル・ファッションのプロジェクトを開始したり、昨年末には、米国大手下着メーカーのヴィクトリアズ・シークレットが、ニューヨークの3Dハードウェア・ベンチャーとして著名なShapewaysと組んで、3Dプリンターで作成したコルセットを製造した。Shapewaysは3Dプリンターにより実際に製品を販売するオンラインマーケットまでを持っており、3Dデザインに関わるコミュニテ

■図5　Leah Buechleyによる「Turn Signal Biking Jacket」。LEDウィンカー付きのパーカーで、次に曲がる方向を背中で表示できる

ィとしての機能も有している。

また、ウェアラブル・ハードウェアとオープンソースの融合として、オープンソース・ハードウェアの代表的な存在であるArduinoを活用した、MITメディアラボの助教授、リア・ビクリーによる「LilyPad Arduino」もウェブサイトで設計図や作成方法を公開しており、前述のコンピューテーショナル・ファッションとしても、いま話題のウェアラブルArduinoという流れとしても位置づけられるだろう[図5]。

ファッションは、今まさに、ウェアラブルとオープンソースの交差点に立っているのである。

## 多様化するファッション・プラットフォーム

上述のとおり、オープンソース・プロジェクトの発展には、コミュニティや生態系の生成が必要不可欠である。これを促進するのが、インターネット上のプラットフォームであり、初音ミクで言えば、ピアプロやニコニコ動画がこの役割を果たしているのだが、ファッションにおいてもこのプラットフォームになりうるサービスとして次々に生まれてきている。

クラフト、裁縫などのDIY好きのためのコミュニティ・ウェブサイトとして世界的に最大級のものが「BurdaStyle」である。BurdaStyleは、オープンソースに基づく開かれたコミュニティを志向しており、登録メンバーが自由に型紙をダウンロードできるよう、衣服の型紙を著作権フリーで公開している。ユーザーはダウンロードした型紙をもとに、アレンジを加え、制作したい服のアイデアを共有し、完成した衣服を公開することが推奨されている。自分が制作した衣服の紹介以外にも、画像や動画を用いてのちょっとしたコツがシェアされ、各自が制作した衣服の売買までが可能である。などのさまざまなコンテンツが用意されている。ファッション版のクックパッドと捉えるとわかりやすいだろう。また、現在では、ほかの手芸関連会社と提携したコンテストを行なうなど、単なるコミュニティにとどまらず、ファッション・ビジネスにも影響を与え始めている。

日本のバンダースナッチ社の「STARted」は、ユーザーが衣服のスケッチを描くだけで実際に衣服を製造し、さらにECサイトで販売することまでを可能にするサービスである。サービスの開始はまだであるが、「Tシャツにプリント」のような簡易な形ではなく、完成品の衣服を作ってくれるという、従来のアパレル・メーカーの製造・販売部門をクラウド・ソーシングすることができる仕組みである。ユーザーのスケッチをもとに、本職のパタンナーが服の型紙を起こし、提携している縫製工場が衣服に仕上げる。すでに、プロダクトの世界では、

Shapewaysや日本でもrinkakといったサービスが、誰でもデータさえ持ち込めば、それを3Dプリンターで造形して、独自のECサイトで販売してくれるというサービスを提供しているが、そのファッション版と言えよう。このサービスは、誰でも自分のファッションブランドやSPA（製造小売業）を簡単に立ち上げることができる。ファッション版の「メイカーズ」を後押しする存在になるだろう。このようなアイデア等の共有サイトやクラウド・ソーシング・サービスが勃興し始めている一方で、例えば、日本では、「メルカリ」や「フリル」といったフリマアプリが人気を博しており、このアプリケーション上のSNSにおいて、一つのコミュニティや生態系を作り上げている状況もある。

このように、オープンソースに欠かせないコミュニティや生態系の構築についても、主にインターネット上でさまざまなサービスが立ち上がってきており、オープンソース・ハード「ウェア」が勃興する下地は整いつつあるのではないかと思われる状況である。

## ファッションに内在するフリーカルチャー

さて、ここまでファッションが、オープンソースという思想と、3Dスキャンや3Dプリンターなどのデジタルファブリケーション、インターネット上のプラットフォームという技術の両方の波が、ファッションの分野に押し寄せ、なだれ込もうとしている状況について概説してきた。もっとも、ファッション、特に二〇世紀に発展したファッション・ビジネスは、そもそもオープンソース的なものだったという指摘もある。ファッション研究者のジョアンナ・ブレイクリーは、ミウッチャ・プラダが、過去の衣服を分解し、型紙をコピーして、鮮やかにプレタポルテの新作として発表してしまう、という例を引き合いに、映画・音楽・ソフトウェア業界にみられる著作権の厳しい規制は、ファッションにはほとんど及んでおらず、それがファッション業界の革新性と経済的成功の両方のためになってきた、と主張する。ファッションデザインにおける創造性は、型紙などのデザインに著作権が発生しにくく、模倣や引用などに寛容であったがゆえに、ファッション・ビジネスは次々と新しいものを生み出し、消費を加速してきた、というのだ。彼女は、飲食産業や自動車産業などの他のオープンソース的な産業が、権利的にクローズドな映画、出版、音楽産業と比較して産業規模が数倍に及ぶことを挙げて、オープンソース化されている産業はその経済的なスケールも大きいと主張する。

また、「トレンド」や「モード」というファッションの大きな特性についても、このようなフリーカルチャーなコピー文化によりコピーが容易であるということにより、皆が一斉に模倣することが可能であるゆえに可能となっている、ということも指摘している。あらゆるアートフォームにおいて、ファッションのみがどうして「モード」や「トレンド」といった一種の「魔法」を生み出せるのか、という問いに対し、ここまで明快かつ鮮やかに解を提示したすることができた言説を私は他に知らない。

日本においても、ファッションブランドMIKIO SAKABEデザイナー・坂部三樹郎が、このようなファッションのフリーカルチャー性を部分的に肯定的に捉える言説を残している。

「コピーをすべて肯定するわけではありませんが、オリジナル作品を特定の団体が商標や著作権で保護するのが新しい創造行為にとって良い方法なのか、危機感を持って考えてみることは大切です。ある写真家が話したように、権利を重視するあまり、近い未来に撮れるのはもう空しか残されていないかもしれません。いつか空すらも誰かの管理下に置かれるかもしれませんが、こうした動きがクリエイションを未来につなげていくのかどうか疑問です[2]」。

## ファストファッションはオープンソースが示すディストピアなのか

このようなファッションのフリーカルチャー性を最大限に享受しているのが、ファストファションであるということに異論は少ないであろう。先のプラダの話にとどまらず、世界的に有名なあるファストファッションのブランドは、ハイメゾンのあるブランドに「パクリ」料として、年間の（裏）ライセンス契約を締結しているところすらあると聞く。では、ファストファッションが、ファッションにおけるオープンソースの究極形なのか。また、ファッションにおけるオープンソースの恩恵を享受して経済性を獲得したのが、ファストファッションだとすると、ファストファッションを論じることは、オープンソースの未来を語ることにつながるのではないか。このような仮説は可能であろうか。

2014～15年秋冬のコレクションで、ジェレミー・スコットは、モスキーノでのファーストシーズンで、「ファストファッション」をテーマに、マクドナルドのモチーフをきわどく模倣したコレクションを発表した［図6］。ジェレミー・スコットが、「ファストファッション」と「ファストフード」の言葉遊びを超えて、ファストファッションの本質であるフリーカルチャー性を看破していたとすれば、流石というほかない。

しかし、ここではあえて「オープンソース」と「フリーカルチャー」という言葉を混在させて使用してきたが、私は、ファストファッションに存在するフリーカルチャーと、オープンソースの考え方は必ずしも同じではないと考えている。

すなわち、これは「フリーカルチャー」と「オープンソース」の差異である。例えば、初音ミクにあって、ファストファッションにないものを考えてみるとわかりやすい。それは、オープンソースの思想とアーキテクチャたるプラットフォーム、そして、そこで醸成されるコミュニティや生態系ではないか。すなわち、ファストファッションはファッションにおけるフリーカルチャーの恩恵をユーザーやコミュニティに市場に還元する意思とその仕組みがないことこそが問題なのではないか。翻って、ファッションにおけるオープンソースの可能性には、ファストファッションではない未来が十二分に想定できると考えている。また、ファストファッションという現象から、オープンソース一般の危険性などを参照することは可能であろ

■図6　MOSCHINO　2014～15年秋冬コレクション

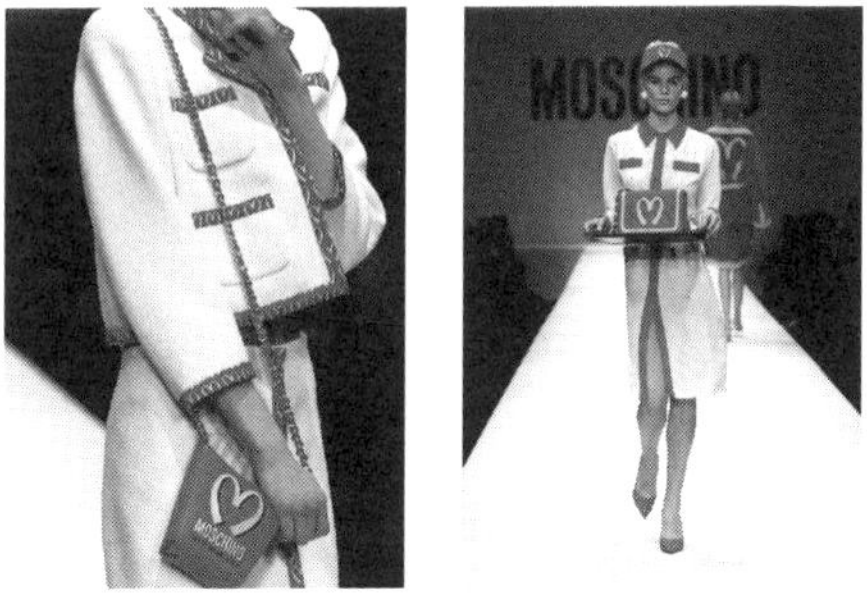

う。この点で、ファッション分野に現在起こっている現象は、他のジャンルにおいても検証されるべきものである。

Linuxや初音ミクにあって、ファストファッションにないもの。それは、オープンソースの思想と、プラットフォームとそこで醸成されるコミュニティや生態系の存在である。すなわち、オープンソースの視点からみるファストファッションの問題点は、コミュニティや生態系が不在であること、そして、ファッションにおけるオープンソースの恩恵をユーザーまたはコミュニティに還元していないことではないかと考える。ファストファッションにおいて、クリエイティビティは本当に減退しているのだろうか？　過剰な経済合理性は人々を幸せにしているのか、していないのか等々。Linuxや初音ミクなどのオープンソースの「豊かさ」とファストファッションの「乏しさ」（あるいは、それは表面的にはそう見えても、まったくそうではないかもしれない）の比較検証の先に、オープンソース・ハード「ウェア」、そしてオープンソース自体の未来も見えてくるのではないか。

## ファッションにおける初音ミクは可能か

以上のように、ファストファッションをオープンソース的な文脈で眺めてみると、批判されがちな既存のファストファッションに対して別の角度から迫ることができる。ファストファッションは、昨今隆盛しつつあるファッションのプラットフォームなどの力を借りて、コミュニティや生態系を確保すれば、理想的なオープンソース的なファッションのカルチャーに引き上げることが可能かもしれないのだ。

例えば、日本におけるファストファッションの代表的な存在といえるユニクロをユザワヤで改変することを行なうユザラーの存在や、同じくユニクロの衣服をデコレーションするデコクロというプロジェクトは、上記のような視点から眺めると、ファストファッションに欠けているように見えるコミュニティ性を補完する存在としてより輝いて見えるように思える。また、ユニクロが運営する、ユーザーが投稿したデザインによって誰でもスマートフォンで簡単にTシャツが作れる「UTme!」も、この文脈で理解すると納得できる。さらに言えば、コミケのコスプレイヤーにオープンソース・ハード「ウェア」の萌芽を見ることも同様に可能である。

ファッションにおける初音ミクなるものを考えるポイントとして、コミュニティや生態系を醸成するためのプラットフォームをどのように設計するのかという点が浮き上がってくる。単なる個人による裁縫やDIYという現象に、経費の節約という経済性や、工作の個人で完結する楽しさを超えた、体験の共有、デザイナーとユーザーが行き来するような、両者が等価に結ばれるようなファッション。一人一人が内に秘めている創造性を正しく発露させ、表現でき、それが連鎖してくようなファッションの仕組みをどのように設計するのか。オープンソース・ハード「ウェア」としてのファッションの理想形とはこのようなものを指すと考えられる。

なお、念のために断っておくが、筆者はなにもすべてのファッションがオープンソース的なるものになるべきだと主張するものではない。選択肢の一つとしてそのようなものもあってもよいのではないか、またそのようなものが存在することにより、翻ってハイファッションの魅力が引き立つことになるのではないか、と考えているのである。

かつて、既成品ができる前、人々は自分たちの衣服を一点ずつ裁縫して自ら作り出していた。そして、二〇世紀を通した、ファッションのオープンソース性。実は、あらゆるプロダクトの領域においてオープンソース・ハードウェアの実践として、もっとも可能性を秘めているのがファッションの領域なのではないか、という推察も可能である。

前出のデザイナー坂部三樹郎は、「キメこな」というキャラクターをモデルにストリートでゲリラ・ファッションショーを行なったことについて、「創作者が誰か特定されず」「皆が使えるパブリックドメイン的な存在」で、「そういうあり方が日本的だと思った」と述べている。[3]

このように、ファッションにおけるオープンソースの可能性、そして日本独自のオープンソース的なファッションについて、可能性を感じずにはいられない。

冒頭の質問に戻れば、初音ミク的なるファッションが生まれるのは、もはや時間の問題であるように思われる。むしろ、私の興味は、そこで露見することになるであろう、衣服を剝ぎとってもなお残るファッションの価値である。そのとき、それでも人はそれを「魔法」と呼ぶであろうか。この疑問は、オープンソースに限らず、いまファッションに携わるすべての人に与えられた命題ではないだろうか。

1 「ファッションは更新できるのか？会議」議事録（vol.4）におけるドミニク・チェンの発言。水野大二郎＋ファッションは更新できるのか？会議実行委員会（編）『ファッションは更新できるのか？会議——人と服と社会のプロセス・イノベーションを夢想する』（フィルムアート社、二〇一五年、三〇八頁）

2 山縣良和＋坂部三樹郎『ファッションは魔法』〈アイデアインク〉（朝日出版社、二〇一三年、九八頁）

3 同右書、一〇五頁

# 8　アーカイヴ

## アーカイヴの多義性

近年、スキャン等のデジタル技術やインターネット等の情報技術の発達により、文章、音声、写真、映像、3Dモデルデータ等の文化資源（リソース）や歴史的な出来事の記録についてのデジタル・アーカイヴに関する議論が盛んになされている。

そこでは、多義的な「アーカイヴ」という言葉の定義から、何のためにアーカイヴするのか、という目的までさまざまな議論がなされている。また、「アーカイヴしても活用されなければ意味がない」ということがしばしば主張されるが、活用をよしとすることに異論はないものの、「活用」とはどのような利用を指すのか曖昧なまま議論がなされていることも多いように感じられる（例えば、限定的なアクセスによる「活用」もありうるし、インターネット等における公開により多衆的なアクセスによる「活用」もありうる等）。

一方で、アーカイヴの射程をいかに捉えても、そこに変わらず課題として生じてくるのが権利処理の問題である。文化資源のアーカイヴをいかなる形で活用していくにも、知的財産権、所有権、肖像権、契約など法律分野の知識が不可欠となっている。特に、情報環境がめまぐるしく変化し続けているなかで、これらの法制度や慣行も変化している。ゆえに、来たるアーキビストには、現行法を意識した実務的な法的知識とともに、将来の動向を見据えた知見も求められる。

本項では、アーカイヴの専門家ではなく法律家の立場から、上述のようなアーカイヴに関する複雑な議論を回避する。そのうえで、アーカイヴの権利処理に関わってきた経験から、アーカイヴにおいて不可欠となる権利処理の概要と、可能であれば、ありうべきアーカイヴの一つの形を見出してみたい。

## アナログ・アーカイヴの権利処理［図1］

現在アーカイヴというと、いわゆるデジタル・アーカイヴを想起させるが、アーカイヴには美術館や博物館などが従来担ってきた作品、物品などのアーカイヴ対象物の収集（収蔵）、保存・修復するというアナログ・アーカイヴが存在する。このアナログ・アーカイヴは、「収集（収蔵）」、「保存・修復」、「展示（公開）」という過程に分けられる。

アナログ・アーカイヴの収集は、文化施設が作品を買い取ることもあれば、寄贈を受けることも多い。しかし、昨今では文化施設の物理的・経済的な収蔵能力に限りがあり、寄贈を受けたくても断らざるを得ないケースも増えている。[1]

■図1　アナログ・アーカイヴの権利処理の流れ

| | | |
|---|---|---|
| 収集(収蔵) | 所有権 | 契約書を交わすことで所有権を得ていることを客観的に明確化しておく。過去の契約関係が曖昧な作品は、所有者だった思われる者に対して所有権が移転していることの確認書を得ておくことが望ましい。 |
| | 著作権 | 特になし |
| 保存・修復 | 著作権 | 修復について、一定の範囲を超える修復は、著作権者の翻案権、著作者の同一性保持権を侵害する可能性がある。文化施設は、著作権者の許諾を受けたうえで修復を行なうことが望ましい。著作権者、著作者との間であらかじめ必要な範囲での修復を行なうことができる旨の契約を締結しておくと便利。 |
| 展　示 | 著作権 | 著作権法第45条第1項により著作権者の許諾は不要。すでに公表されている作品の場合には、著作者人格権のうち公表権の許諾は不要。ただし、時間が経過し著作権者が非公開を望み、トラブルに発展するケースもあるので、可能なかぎり事前連絡をしておく等の配慮が求められる。 |

アナログ・アーカイヴの権利処理で特に問題となるのは、アーカイヴ対象物の所有権である。ここでは、契約書を交わすことで所有権を得ていることを客観的に明確化しておくことが重要である。また、過去の契約関係が曖昧な作品（所有権を取得しているのか、貸出を受けたままになっているのかが判別がつかないケースも多い）は、所有者だったと思われる者に対して、所有権が文化施設に移転していることの確認書を得ておくことが望ましいが、現実には現在の連絡先が不明である等のハードルが存在する。

著作権については、所有権を得ていれば、アーカイヴ対象物を物理的に移動する等の「収集」や「保存」することに別途著作権者の許諾を得ることは不要である。「展示」についても、著作権法第45条第1項により著作権者の許諾は不要である。また、すでに公表されている作品の場合には、著作者人格権のうち公表権の許諾は不要。ただし、時間が経過し著作権者が非公開を望み、トラブルに発展するケースもあるので、可能なかぎり事前連絡をしておく等の配慮が求められる。

アナログ・アーカイヴにおいて、著作権が唯一問題となりうるのは修復である。一定の範囲を超える修復は、著作権者の翻案権、著作者の同一性保持権を侵害する可能性がある。[2] 文化施設は、著作権者の許諾を受けたうえで修復を行なうことが望ましい。著作権者、著作者との間で、学芸員等の専門家の指示のもとで、必要な範囲内で文化施設が修復を行なうことができるという契約を締結しているケースもあるが、権利者が死亡している等連絡が取れないケースも多い。修復と近い問題があるのがメディアアートなどテクノロジーへの依存度が高い作品などのアップデートである。このようなテクノロジーへの依存度が高い作品をどのように保存するのか、作品の同一性を阻害しない範囲内で、ソフトウェアや機材のアップデートを誰が、どのように行なっていくのか等の問題が生じる。

さらに、アナログ・アーカイヴについてまわるのが相続の問題である。寄贈が発生するのは、アーカイヴ対象物の所有者や著作権者が死亡して相続が発生したタイミングとなることも多い。したがって、アーキビストとしては、アーカイヴ対象物の譲渡契約書だけでなく、当該アーカイヴ対象物の相続人が処分権限を有しているのかを遺産分割協議書の写し等の交付を受けることで確認することが望ましい。

## デジタル・アーカイヴの権利処理―図2―

昨今デジタル・アーカイヴが注目を集めていることは冒頭で述べたが、デジタル・アーカイヴは、オープンデータ政策の一環としても位置づけられる。すなわち、単にデジタル情報を収集するだけではなく、組織や機関が保有する多様なデータを積極的に公開し、さらにその利活用を促すことで、透明性を確保したり、イノベーションの促進が企図されるべきである。

デジタル・アーカイヴは、アーカイヴ対象物の「デジタル化」、デジタルデータの「収集」、デジタルデータの「公開」、そしてデジタルデータの「二次利用」を促すというフェーズが存在する。このいずれのフェーズにおいても、著作権に関する権利処理が欠かせない。また、「公開」以降のフェーズにおいては、肖像権等の権利処理も必要になるケースがある。また、権利者不明のアーカイヴ対象物（いわゆる孤児作品（Orphan

■図2　デジタル・アーカイヴにおける主な権利処理の流れ

| | | | |
|---|---|---|---|
| デジタル化、収集 | 著作権 | 原則として、複製権に関する著作権者の許諾が必要。ただし、図書館等の文化施設において保存のために必要な範囲で例外的に許諾が不要な場合があり（著作権法第31条第1項第2号）。 | |
| | 所有権 | 第三者がアーカイヴ対象物を保有している場合には、当該アーカイヴ対象物にアクセスするために、所有権者または施設管理者の許諾が必要になる場合がある。 | |
| 公　開 | 著作権 | 施設内での閲覧 | 非営利上映（著作権38条）の場合を除いて、上映権に関する許諾が必要になる。公表権に関しては、展示の場合と同様。 |
| | | オンライン上の公開 | 公衆送信権に関する著作権者の許諾が必要になる。 |
| 二次利用 | 著作権 | 二次利用を可能にする場合には、著作権者から二次利用を可能とする旨の許諾を得ておかなければならない。また、二次利用の内容を明確化しておくことが望ましい。 | |

Works）についても、その利用の可否も含めて、法改正も交えてさまざまな議論が展開されている。以下、具体的に各フェーズを概観する。

まず、「デジタル化」及び「収集」に関しては、アーカイヴ対象物をデジタル化する場合と、すでにデジタル化されているデータを収集する場合とがあるが、それぞれ原則として複製権に関する著作権者の許諾が必要になる。ただし、一定の要件をみたす政令で定められた図書館等の施設においては、資料の保存に必要な範囲内で、著作権者の許諾なしに複製することが可能である（著作権法第31条第1項第2号）。この規定は図書館以外の文化施設でも適用可能ではないかという議論が近年なされており、広くデジタル・アーカイヴの現場において、本規定の活用が期待されている。[3] なお、第三者がアーカイヴ対象物を保有しており、文化施設側がアーカイヴ対象者にアクセスできない場合には、当該アーカイヴ対象物に撮影やスキャンを行なうために、所有権者または施設管理者の許諾が必要になる場合がある。

次に、デジタルデータの「公開」にはさまざまなフェーズが存在するが、デジタル化されたデータを文化施設内で閲覧に供する場合には、非営利上映（著作権法第38条第1項）[4]の場合を除いて、上映権に関する著作権者の許諾が必要になる。また、デジタル化したデータをオンライン上で公開するためには、公衆送信権に関する著作権者の許諾が必要になる。

これらに加えて、公開されたデジタルデータの「二次利用」を可能にする場合には、著作権者から二次利用を可能とする旨の許諾を得ておかなければならない。この際、営利利用を可能とするのか、改変を可能とするのか等、二次利用の範囲を明確化しておくことが望ましい。

最後に、肖像権については、「公開」以降の段階で権利処理が必要になるケースがある。ただし、文化的な目的での利用にとどまる範囲で、かつ被写体のプライバシーの要保護性が高くない限りは、社会通念上受忍限度の範囲内と判断される可能性が高いので、慎重になりすぎる必要はないと個人的には考えている。

## オプトアウトと孤児作品

以上の権利処理は、これからアーカイヴを開始する場面では有効であるが、すでに収集したコンテンツをアーカイヴ化する場合には、うまくいかない。なぜなら、膨大なコンテンツの一つ一つについて権利関係を確認し、権利者を探索し、権利処理を行なうことはコスト面で現実的ではないからである。また、著作権、所有権、肖像権などの権利者が不明な作品（孤児作品）については、権利者が不明なためデジタル化や公開、二次利用に必要な利用許諾を得ることができず、結果として死蔵するケースが多い。デジタル・アーカイヴは、今まさに現在進行形で生成しているアーカイヴ対象物を対象に改めて始めるべきであり、過去のアーカイヴ対象物のデジタル化や公開が難しいとされているのはまさにこの点を指してのことである。

このような場面において、「オプトアウト」という方式が採用されることがある。オプトアウトとは、異義がある場合にのみ公開等を停止するという手法である。例えば、Internet Archive による Wayback Machine では、収集したコンテンツを原則としてネット上で公開しており、申出があれば公開を停止するオプトアプト方式を採用している。また、Google Books は世界中の書籍を閲覧可能とするプロジェクトをオプトアウト方式で展開した。これは米国著作権法に存在するフェアユース規定を念頭に置いたものである。しかし、Google Books は米国作家協会などから集団訴訟を提訴され、激しい議論を巻き起こした。世界的にもオプトアウト方式による強引なデジタル・アーカイヴの手法には抵抗感が強い。

日本にはフェアユース規定は存在せず、オプトアウト方式でのデジタル化やオンライン上の公開および二次利用は、形式的に著作権侵害が成立してしまうので、特に「法令遵守」という名のコンプライアンスが重視される公的文化施設においては、形式的に著作権侵害が成立してしまうオプトアプト方式に踏み込めないことがほとんどである。一方、すでに現行著作権法においても、権利者不明の場合で権利者探索の「相当な努力」を行なった場合に限り、文化庁長官が代わりに利用の許諾を与える「裁定制度」という制度が存在する。だが、補償金の事前支払いや「相当な努力」が高い水準で求められ、そのうえ時間もかかることから、これまで年間一五〜三〇件程度の利用にとどまっており、使えない制度となってきた。批判を受けて、ここ数年、改善の努力が行なわれているが、利用数は思うように増えていないのが実態である。

そこで、一定の適切な手続きを経ることで、権利者に対し一定の配慮をしつつ、孤児作品の利用を促進するための法改正を求める声が強くある。具体的には、非営利目的に限り、事前の供託金等の支払いを要さずに、孤児作品のデジタル化と公開を可能にすることや、裁定業務について管理事業者への委託、適正手続きを果たした文化施設の免責または責任限定などが挙げられる。デジタル・アーカイヴ政策を牽引するEUは、孤児作品の限定的な利用についてEU指令（二〇一二年一〇月二五日）を採択し、権利者の特定・探索のための入念な調査が実施された後であれば、孤児作品の非営利の利用を許諾することを規定している（ただし、このEU指令は公開済みの文学作品、オーディオビジュアル作品、録音物には適用されるが、ファッションやプロダクトデザインなどの応用美術には適用されない）。事後的に権利者が名乗りでた場合には利用を中止し、適切な額の補償金を支払うことが求められる、という仕組みである。

これについては、筆者も孤児作品等に関し法律の要件を緩和する法改正をすべき点について基本的に賛成である。ただし、その法改正の議論においては「公的な」文化施設のみを対象とするような議論が見られる。この点については、公的か否かで文化資源の利活用を行なう必要性は異ならないので、手続きが適正さフォーカスした客観的な基準で要件緩和の対象となる文化施設を選定すべきと考える。

## アクセシビリティを意識した公開

アナログ・アーカイヴにおいては、「収集」や「保存・修復」に注意が向いてきたが、情報環境の変化により、デジタル・アーカイヴが可能になり、デジタル・アーカイヴにおいては「収集」や「保存」が圧倒的に容易になった（しかも、デジタルデータは劣化しない）。そのような流れのなかで、アーカイヴが「公開」に目を向けることは自明であろう。

多くのデジタル・アーカイヴがオンライン上での公開をゴールに展開されているが、「公開」と一言で言ってもさまざまな形がある。なぜ、デジタル・アーカイヴが公開を目指すのか。それはひとえにユーザーのアクセシビリティ（アクセスの容易性）を高めるためである。アクセシビリティを高める公開については、検索とUI／UXといったインターフェースが重要である。

例えば、Googleの数万点のアート作品を鑑賞できる「Google Arts & Culture」（旧「Google Cultural Institute」）［図3］や、人類史上の重大な瞬間の詳細を伝える「歴史アーカイヴ」などと、EU全体のデジタル・アーカイヴのポータルであるヨーロピアナ（Europeana）［図4］を比較すると、検索とインターフェースの観点では前者の方が圧倒的に洗練されていることがよくわかる。ユーザーフレンドリーな検索のアルゴリズムやタギング、インターフェースの技術において米国IT企業に敵う者はいない。また、ヨーロピアナはポータルであり、各国の文化政策や個々の文化施設の手法に左右されやすい、ということもある（ヨーロピアナも改善の努力を続けている点は評価すべきである）。

このような観点から、誰がアーカイヴを行なうのか、という主体の問題も立ち上がる。つまり、デジタル・アーカイヴの主体は、公的機関だけではない。先のGoogleは、「Google Cultural Institute」や、「歴史アーカイヴ」、図書館の蔵書の閲覧を可能にする「Google Books」、また、東日本大震災についての記録を残す「未来のキオク」などの膨大なアーカイブ・プロジェクトを並行して進めている。Amazonも東日本大震災から五年経過した二〇一六年三月のタ

■図3 Google Arts & Culture

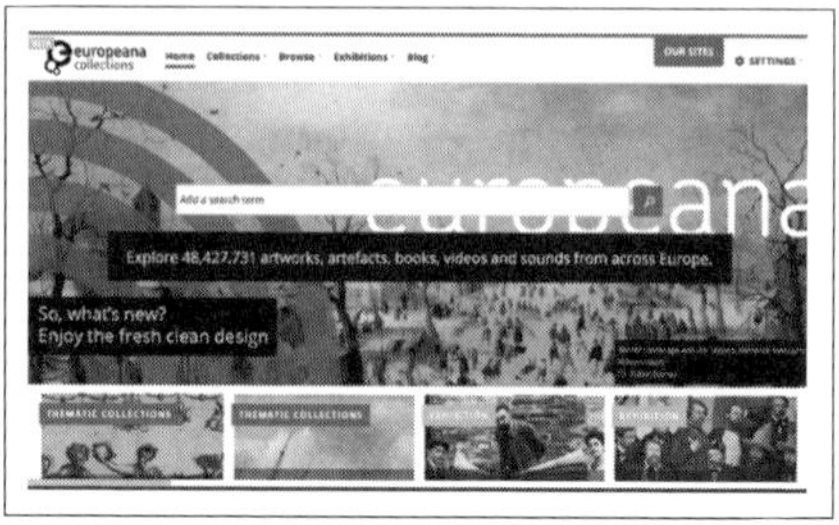


■図4 Europeana

イミングで、震災にまつわるコンテンツを無料公開する「記録の継承」プロジェクトを開始した。[5] アクセシビリティが高い公開という観点からは、これらの巨大IT企業らによるデジタル・アーカイヴが優れていると述べたが、一方で、営利性が求められ、栄枯盛衰が激しい一私企業に、アーカイヴの役割を預けてよいのか、という問題がある。

## アーカイヴの創造性を解き放つ二次利用

日本の文化施設のデジタル・アーカイヴの多くは、著作権が消滅しているコンテンツですら、何らかの利用制限がかけられている。あるいは権利状態や利用条件が明確化されておらず、公開されているにもかかわらず、そのコンテンツの二次利用が困難になっていることが多い。もちろん公開されているだけでも無意味ではないが、アーカイヴが真にその創造性を発揮するのは、公開したうえで、二次利用を可能にしたときであると筆者は考えている。なぜなら、極論すれば、アーカイヴはそれ単体では創造性を持たず、アーカイヴの創造性は、ブリコラージュにあるからである。データベース化された情報は、元々の社会的文脈を失う。これは良い方向にも、悪い方向にも働くが、ブリコラージュの観点からは良い方向に働く。これまで出会ってこなかったヒト、モノ、コトを、アーカイヴを通していかに出会わせることができるのか。そのためには二次利用に重点を置いたアーカイヴの構築が肝となる。また、二次利用を許すことは鑑賞者・利用者の「エンゲージメント」を高めることにつながる。「エンゲージメント」とは、本来「約束」とか「従事・雇用」を意味する語であるが、インターネット上のサービスやコミュニティにおいては「愛着」や「共感」といった意味で使われる。二次利用を可能とすること、すなわちデジタル情報となったアーカイヴ対象物を「いじり倒す」ことこそ、アナログ・アーカイヴにはできない、デジタル・アーカイヴの大きな可能性といえる。現在のデジタル・アーカイヴは、公開することで満足し、二次利用にまで目が行き届いていないことが、アーカイヴのポテンシャルを阻害しているのではないか、と筆者は考察している。

公開のみならず、幅広く二次利用を促していくためには、ヨーロピアナや米国デジタル公共図書館（DPLA）のように、クリエイティブ・コモンズに代表される国際的に標準化されたオープンライセンスを採用することが望ましい。デジタル・アーカイヴの公開にあたっては、そのライセンス対象物に付されるオープンライセンスとして、クリエイティブ・コモンズ・ライセンス[6]（あるいはCC0がデファクトスタンダードになっていると言ってよい状況であろう。ヨーロピアナでも、クリエイティブ・コモンズ・ライセンスとCC0が採用されている。これらの国際標準化されたオープンライセンスを採用することで、初めてアーカイヴが「生きた」ものになるのだ。

特徴的なのは、「EDM」という権利表明の考え方である。EDMは、ヨーロピアナ・データ交換協定（The Europeana Date Exchange Agreement（DEA））に基づき、ヨーロピアナにデータを提供した者は権利状況について、①パブリックドメイン（著作権により保護されていない状況）、②クリエイティブ・コモンズ・ライセンスまたはCC0、③権利を留保していること（そのなかでも再利用を望んでいるか否かなどを選択できる）、④権利状況が不明であること、という四つのうちから一つの表明を行なうことが義務付けられている。ヨーロピアナの利用者はその権利状況をいつでも確認できるようになっている。データの権利状況について最も詳しいはずのデータ保有者に権利状況を表明させることで、可能な限りのデータの権利状況を可視化・明確化し、「孤児化」を回避する努力が行なわれている。

ヨーロピアナは、単にアーカイヴであるにとどまらず、Googleに代表される米国とは、異なる形の著作権制度を構築するというヴィジョンを掲げている。すなわち、ヨーロピアナでは、Googleなどに見られるフェアユース規定を前提としたドラスティックなオプトアウト方式に対し、より適正手続（デューデリジェンス）が意識されている。ヨーロピアナは、Google

Booksがあらゆる書物をスキャンして公開していくことに対抗して、ヨーロッパの文化資源たる情報までをGoogleに独占されてしまってよいのかという危惧から生まれたことは示唆的である。

## 触発するアーカイヴと豊かな継承

本項では、アナログ・アーカイヴとデジタル・アーカイヴの権利処理の実務から、孤児作品とオプトアウトの課題を考察したうえで、アクセシビリティを高める公開と二次利用がデジタル・アーカイヴの創造性を解放するのではないかという提案を行なった。

私たちはGoogleが世界中の「知」(Google Books)や風景(Google Street View、Google MapあるいはGoogle Earth)をアーカイヴする時代を生きている。アーカイヴとは、抽象的には、文化資源を物理的にまたは電子的に継承し、その価値を広く社会に還元することを意味するのであるとすれば、Googleがやっていることも間違いなくアーカイヴである。このようなデジタル・アーカイヴとアナログ・アーカイヴの関係性については、どのように考えるべきだろうか。

ネット以降、体験としての価値が改めて見直されてきているのは周知の通りである。ブラウザ上での体験は、リアルでの体験に劣る。この点からは、現状デジタル・アーカイヴはアナログ・アーカイヴに劣後し、補完するものとして位置づけられる。

一方で、アナログ・アーカイヴは数や耐久性の面で有限であるのに対し、デジタルデータは劣化せずに無限に複製することが可能である。また、今後、エンゲージメントの高い創造的なデジタル・アーカイヴが生まれてきた場合、鑑賞者・利用者がコンテンツに深く介入し、新たに創造性が触発されるという、まったく新しいアーカイヴ体験が生まれてくる可能性も否定できない。このとき、デジタル・アーカイヴは、アナログ・アーカイヴとは別種の所為として位置づけられることになるだろう。そして、日本から初音ミクやニコニコ動画が生まれてきたことを考えると、「日本らしいデジタル・アーカイヴ」というものは措定できるだろうか、という問いを考えたとき、筆者にはこの新しい形のデジタル・アーカイヴの姿がぼんやりと素描できる気がするのだが、どうだろうか。

また、創造性という観点からデジタル・アーカイヴを捉え直したとき、その手法についてもまた一考を要する。アーカイヴというと、写真よりは映像で、2Dよりは3Dで等と、できる限り多くの情報量を残すことが最良とされる。それはアーカイヴ本来の考え方からすれば正しいのであろうが、ブリコラージュやアーカイヴの創造性といった観点からは必ずしも正しくないかもしれない。西洋音楽はなぜ楽譜という形で伝承されるのか。演劇はなぜ戯曲という形で残されるのか。日本舞踊の伝達方法が口承で行なわれるのはなぜか。これらはあえて偶然に他分野からの混入の「余白」を残すためのチャンス・オペレーションなのではないか。情報量が多いアーカイヴの手法が創造性にとって常に正しいのか。情報技術がいかに発達したとしても、永続的に「そのもの」を「そのまま」遺すことはできない以上、私たちはこの問いについて考え続けなければならない宿命にある。

―1―アーカイヴには、何を保存し、何を処分するのか、を選択する面があり、実務的には収集した作品をいかに処分するのかも同時に大きな問題となるが、本稿では詳しくは触れない。

―2―スペイン北東部ボルハ（Borja）の教会の柱に一〇〇年ほど前に書かれたキリストのフレスコ画「Ecce Homo」を素人のセシリア・ヒメネスが「修復」したが、キリストがサルのようになってしまい、世界中から失笑を浴び、世界中から観光客が絶えなくなったという件は、アーキビストから見れば悪夢のような事件だが、作品の利活用の観点からは笑えないことも事実だ。

―3―著作権法施行令第1条の3第1項第6号により、文化庁長官の指定を受ければ、一般社団法人等が設置する美術館や博物館等も対象となりうるが、現在指定されている美術館、博物館等はない（文化庁「著作物等のアーカイブ化の促進等に関する主な論点（案）」）。

―4―営利を目的とせず、観客から料金をとらない場合は、公表された著作物を上演・演奏・上映・口述することができる。ただし、出演者などに報酬を支払う場合はこの例外規定は適用されない。

―5―http://www.amazon.co.jp/gp/browse.html?node=4160115051

―6―CC0とは「いかなる権利も保有しない」こと。科学者や教育関係者、アーティスト、その他の著作権保護コンテンツの作者・所有者が、著作権による利益を放棄し、作品を完全にパブリックドメインに置くことを可能にするもの。著作権による制限を受けないで、自由に、作品に機能を追加し、拡張し、再利用することができるようになる。

# 9　ハードウェア

## IoTとは何か

「IoT（Internet of Things）」は、一九九九年頃に、ハードウェア一つ一つにRFIDのようなICタグを付けてハードウェアのID化をする、というような意味で提唱された。しかし、ハードウェアがインターネットやクラウドに接続された現在では、ネットワーク化や相互制御の仕組みのことを指す言葉として使われる。インターネットが出現して以降、ハードウェアを製造する製造業も、ハードウェアのことだけを考えればよいのではなく、内蔵するソフトウェア、エレクトロニクス、クラウドやハードウェア相互のネットワークなどハードウェア周辺のサービス全体をデザインする必要が出てきている。

また、3Dプリンターや3Dスキャナーなどの「デジタルファブリケーション」と呼ばれるデジタル工作機械の普及により、従来のような大規模な製造業者ではなく、個人に近い製造業者やハードウェア・スタートアップ（ベンチャー）でも、（大量生産の対義としての）適量生産の製造業や広義の「ものづくり」に参加できるようになってきている（「ものづくりの民主化」などとも呼ばれる）[1]。昨今使用されている「IoT」という言葉は、これらの状況を統合的に説明する言葉として捉えるとわかりやすいと筆者は考えている。「IoT」の定義については、さまざまなことが言われているが、ポイントとしては「ハードウェア」「エレクトロニクス」「デジタルファブリケーション」「ソフトウェア」「ネットワーク」「サービス」という六つの言葉に集約されるという見解があり、筆者もこの見解を支持する。

この「IoT」時代において、どのような法的課題や制度の設計・デザインがありうるかを概観してみたい。

## ＩｏＴにおける知的財産権の枠組み

ＩｏＴを、ネットワークにつながったハードウェアと「ものづくりの民主化」という文脈で捉えたとして、その過程で生じる種々の知的財産やそれらに発生する知的財産権の枠組みは、特にこれまでと変わることはない。具体的には、文章、スケッチ、イラスト、図面、音声、写真、映像、そしてソフトウェアについては著作権で保護され、技術的な発明（ソフトウェア利用発明を含む）については原則としてパブリックドメインとして誰もが自由に利用できるが、出願・登録を行なえば特許権または実用新案権により保護されうる。商品名やロゴマークなども、原則としてパブリックドメインであるが、出願・登録を行なえば商標権により保護される。

ハードウェアやプロダクトの筐体のデザインについては、実用的機能を有する「実用品」であるとして、原則として現状の法制度では著作権では保護されず、意匠権の保護対象となる（権利を保護したければ出願・登録をしなければならない）。例外として、美術と同視できるほどの美的特性を備えた実用品（いわゆる「応用美術」）は、著作権と意匠権により重畳的に保護される可能性があることが裁判例によって認められている。近年、裁判例などで判断が揺れている面もあるが、そのような一部の例外を除いて、著作権で保護する「表現」と意匠権で保護されうる「実用品」を棲み分けて考えるのが現状の法制度の建前である［図1］。

## オープンソースの活用

IoTについては上記六つの要素の前提として、オープンソースを活用することが不可欠である。なぜオープンソースが不可欠なのかという点については、さまざまな説明が可能であろう。現在普及しているIoTの各種デバイスがオープンソースを有効活用したものが多いからだ、という説明がひとつありうる。例えば、現在の安価な3Dプリンターの隆盛は、特許権の存続期間が切れたことにより二〇〇五年頃から英国でRepRapというオープンソースのデスクトップ・3Dプリンタ

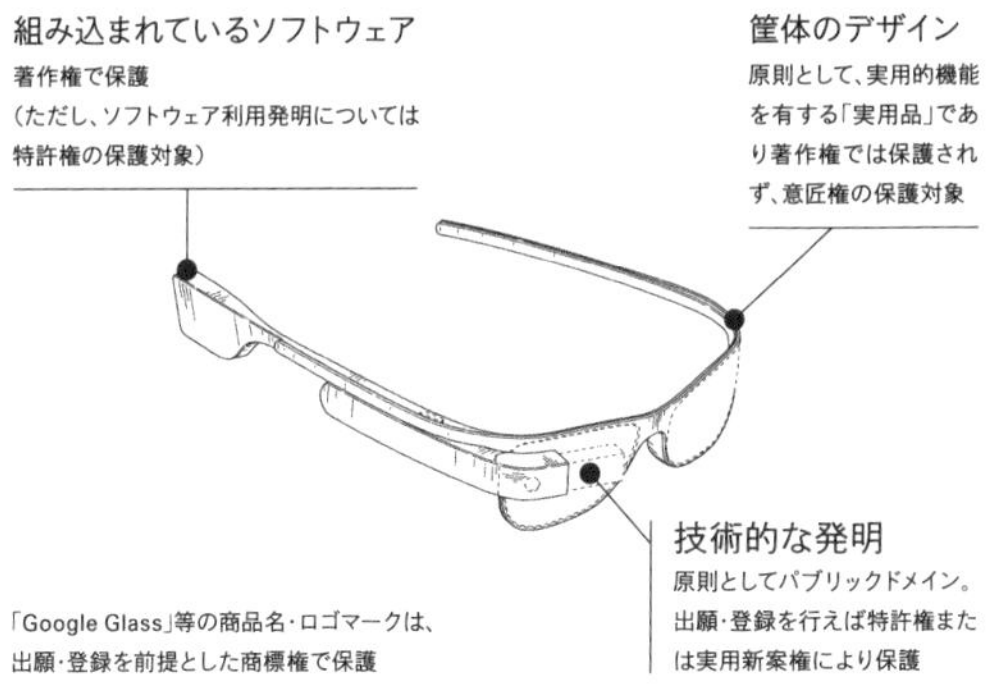
組み込まれているソフトウェア
著作権で保護
(ただし、ソフトウェア利用発明については
特許権の保護対象)
筐体のデザイン
原則として、実用的機能
を有する「実用品」であ
り著作権では保護され
ず、意匠権の保護対象
技術的な発明
原則としてパブリックドメイン。
出願・登録を行えば特許権また
は実用新案権により保護
「Google Glass」等の商品名・ロゴマークは、
出願・登録を前提とした商標権で保護

■図1 「Google Glass」と知的財産権
・Google Glassの意匠公報を元に作成

ーが開発されたことがきっかけである。英国のシンクタンクが発表した3Dプリンティングに関するポリシー[2]も、冒頭でオープンソースの思想の重要性について強調している。

「オープンソース」という考え方は、Linuxをはじめ、もともとソフトウェアの分野で生まれた。それがクリエイティブ・コモンズのように、文章や音楽、写真、映像などの情報コンテンツの分野でも普及しているのが現況である。もっとも、ハードウェアは、ソフトウェアや情報コンテンツのような情報ではなく、物質である。従来、情報（ビット）と物質（アトム）との間には厳然たる格差・ハードルが存在すると考えられていたため、オープンソースの思想や手法がハードウェアの分野にも適合するか否かについては、長く懐疑的な見方が強かった。しかし、「Arduino」[3]や「LittleBits」[4]のようなオープンソースのマイクロ電子回路基板にはじまり、KORG社の電子楽器、さらに最近では3Dプリンターを用いた自動車製造で注目されている米国のLocalMotors社[5]のように大型のハードウェア分野においても、オープンソースを活用した製造・販売を行なう企業が現れている。このような「オープンソース・ハードウェア」や「オープンデザイン」という動きは、製造業やデザインにおける一つの潮流ともなっており、世界的なIoTの勃興を加速させている。

## 産業財産権のオープン化

ソフトウェア分野や文章、音楽、写真、映像等の情報コンテンツ分野と比較して、ハードウェア分野では、特許権、実用新案権、意匠権等の産業財産権の重要性が高まる傾向がある。もっとも、作成した時点で自動的に発生する著作権とは異なり、産業財産権は特許庁に出願し、登録されて初めて権利として認められる。逆に言えば、産業財産権の対象となる技術やデザイン・意匠をオープンに利用したい場合または利用してもらいたい場合には、そもそも出願しなければ、当該技術やデザインはパブリックドメイン、つまりオープンソースとして誰もが利用できる。

産業財産権の趣旨は、例えば、特許権でいえば、対象となる技術的な発明の内容を特許公報により公開し、人類の進歩に貢献する代わりに、二〇年間だけその技術の独占を認めるというものである。永久に秘匿しておきたい場合には、コカ・コーラの成分配合やGoogle検索のアルゴリズムのように、特許を取らずに限られた人数しかアクセスを許さず、秘匿するという方策が採られる。このように、産業財産権は元来オープンな目的を持った制度であった。しかしながら、特に二〇世紀後半から二十一世紀初頭にかけて、大企業を中心に、産業財産権の保護強化による情報の囲い込みが激化し、産業財産権に独占権としてのイメージが強く印象付けられてきた。

そのような状況は現在もそう変わらないが、ここにきて少し潮目が変わったように思える事象が生まれてきている。二〇一二年にTwitter社が「Innovator's Patent Agreement」というプロジェクトを開始した。このプロジェクトは、会社が保有する特許権について、発明者の同意なく、攻撃的な訴訟提起は行なわず、防御的な目的でしか権利行使を行なわないとする、会社と発明者間における新しい形の特許契約のひな形を公開するというものである。これに続いたのがGoogle社で、同社は二〇一三年に「OpenPatent Non-Assertion Pledge」という防御目的でしか特許権の権利行使は行なわない旨の宣言（Pledge）を行なった特許権のライブラリを公開するというプロジェクトを開始した。Twitter社やGoogle社はこれらのプロジェクトにより、自らのオープンソース性をブランディングすることや、良質な人材の確保を企図していると考えられる（優れたプログラマー／エンジニアは、オープンソース・コミュニティに寄与できる職場環境か否かを重視する傾向がある）。また、Tesla Motors社は、二〇一四年に電気自動車（EV）に関する二〇〇件強の特許権のライブラリを公開し、これに続く形で日本のトヨタ自動車は、二〇一五年一月、燃料電池自動車（FCV）に関する約五六八〇件すべての特許権をオープン化することを公表した。電気自動車も燃料電池自動車も一、二社の独占という状態では市場拡大が難しく、新規の市場参入の障壁を低くし、オープンな市場を形成することにより、充電のためのステーションや燃料電池自動車自体の普及を促し、市場規模の拡大を目指す戦略があるといわれている。

これらの各社の試みからは、ある技術やデザインをパブリックドメインとして万民が利用できる状態と、産業財産権を保有することにより技術やデザインを独占する状態との間に、産業財産権を取得・保有したうえで、第三者に広くオープンに利用してもらう／もらいたいという第三のレイヤーが生まれてきていることがわかる。ソフトウェアのオープンソース化をAPIで行なうように、産業財産権を取得しておいた方が、オープン・クローズ戦略において蛇口の開閉がきめ細やかに行なうことができる。ソフトウェアや情報コンテンツ分野だけでなく、ハードウェア分野においても、オープン（流通促進）とクローズド（権利保護）のバランスをいかに図るか、その戦略が問われているのである。ただし、ここで重要なことは、オープン化が決して慈善やブランディング（だけ）を目的としているのではなく、経済活動としての冷静なビジネス戦略に基づいているということである。このような観点から見ると、Tesla Motors社の特許権のオープン化は無期限かつ「宣言」（Pledge）という先ほどのGoogle社のオープン化にも似た比較的シンプルな形をとっているのに対し、トヨタ自動車のオープン化はひとまず二〇二〇年までの期限を想定し、特許権の通常実施権のライセンスを同社に対し申し込み、具体的な実施条件等について個別協議のうえで契約書を締結していく形だという。両社の手法の差異に透ける戦略の違いが興味深い。

## 「実用品」概念の再考

「実用品」のデザインの法的保護をめぐっては従来からさまざまな議論があったが、IoT時代において、このような「実用品」をめぐる争いが多発する可能性が出てきている。

二〇一五年、アメリカのスーパーボウルのハーフタイムショーにおいて、米国の人気歌手ケイティ・ペリーのパフォーマンスが話題となったが、フェルナンド・ソーサ氏というデザイナーは、彼女の横で踊っていたサメのキャラクター（「LeftShark」と名付けられている）をコピーしたフィギュアを、アメリカの3DプリンティングＥＣサービス「Shapeways」において無断で販売した。その後、ケイティ・ペリーの代理人がLeft Sharkフィギュアをサイトから削除するよう求め、Shapewaysは米国のデジタルミレニアム著作権法（ＤＭＣＡ）に基づきいったん削除したが、ソーサ氏から異議がなされたため、サイト上での販売を再開した。[6] ソーサ氏は、Shapewaysにおいて削除がなされている間に、3Dプリンティング系の設計データ等を共有するサービスである「Thingiverse」にも3Dデータをアップロードしたため、誰にでもダウンロードできる状況になっている。[7] ここでは、フィギュアの意匠権（米国ではデザインパテント）が取得されていないことを前提に、サメとしての創作性がそれほど高いとは評価しにくいフィギュアが「実用品」として著作物ではないと判断されるべきか、それとも「表現」として著作物として保護されるべきかが争いになっている。

従来は、情報と物質との間に境界・ハードルがあったため、制作者側にとっても、情報は著作権、物質は意匠登録すれば意匠権で保護されるという切り分けを前提とする二元論で一定の理解は可能であった。しかしながら、3Dプリンティング／スキャン技術の進展・普及により、この情報と物質の境界が融解し、シームレスになったとき、情報は著作権で、物質は意匠権で、という切り分けが制作者側にとって納得感のあるものになるかは甚だ疑わしい。また、3Dプリンティングの普及・発達は、これまでの大量生産から適時・適量生産というパラダイム・シフトを引き起こす。このような適時・適量生産の時代において、「実用品」概念の裏付けとなっていた量産性が妥当しないことは明らかである。さらに、アクセサリーやフィギュアなど、従来「実用品」と位置づけられているプロダクト・ハードウェアを「表現」として制作する個人も増加している。このように、3Dプリンティング等のIoT時代のテクノロジーは、従来の「実用品」概念に再考をもたらす可能性が高い。[8]

## 製造物に関する責任

ここまで、IoTを「ハードウェア」「エレクトロニクス」「デジタルファブリケーション」「ソフトウェア」「ネットワーク」「サービス」という六つのキーワードで捉え、主にその知的財産権の設計・デザインについて論じてきた。

IoTの潮流のなかで、ハードウェア・スタートアップ（ベンチャー）企業や「メイカーズ」と呼ばれる個人に近い製造業者が、製造業や広義の「ものづくり」に参加できるようになっている。これにより、情報コンテンツの分野においては従来大きな問題にならなかった製造物責任というハードウェア特有の問題が浮上している。

製造物責任には、責任追及に故意または過失が必要な一般不法行為（民法709条）に基づく責任と、無過失責任である製造物責任法（以下「PL法」という）に基づく責任が存在し、特別法としてのPL法の適用を受ける場合には重い責任が課される（立証責任が転換される）。ただし、PL法の適用を受けない場合であっても、別途、一般不法行為に基づき責任を負うことがあり、製造物に関する責任とはPL法に基づく責任のみを指すわけではないことに留意する必要がある。

3Dプリンターに代表されるデジタルファブリケーションに関する製造物責任を考えるとき、PL法において、プリンティングが「製造」（同法3条）に該当し、有償・無償の区別なく反復継続して（「業として」）プリンティングを行なう3Dプリンティング業者やプラットフォーマー、メイカーズ等が「製造業者等」（同法2条3項1号）に該当し、責任を負う可能性が高い。一方で、瑕疵や欠陥があるデータの作成者など、故意または過失に基づく権利侵害を行なった者に対しては、一般不法行為に基づいて、法的に求償が可能である。

PL法では、「製造業者等」に該当しなければ、その適用対象とはならないが、無償であっても「業として」の製造に該当してしまう解釈がなされている以上、個人による製造でも広くPL法の適用対象となると考えられている。IoTが普及・発達すれば、個人に近いメイカーズが反復継続して「製造」を行なうことが想定され、「製造業者等」に該当する個人・団体が増える可能性がある。ここにファブラボやメイカーズ・スペースなどデジタルファブリケーションを含めた場や設備の提供者の責任をどう考えるべきかという問題が加わる。

## PL法の適用範囲

そもそもPL法は、製造物を量産する大企業と消費者との間に存在する経済力や情報の格差を是正するために制定された消費者保護を主たる目的とした制度である。そのような法律が、消費者・個人に極めて近いメイカーズによる製造物にも一律に全部適用されることには疑問がある。また、消費者はメイカーズによる製造物をある種の未完成・非完成品として楽しんで、自己責任で購入する傾向がある。さらに、メイカーズに対して一律にPL法に基づく重い責任が課されると、ものづくりに参加する個人が増えず、国際競争力やIoTの普及・発展を阻害するおそれがある。一方で、二〇一六年には、Tokyo Design Weekにおいて展示物が燃焼し、子どもが死亡するという痛ましい事故が起きた。これはIoTやデジタルファブリケーションとは無関係な事故であったが、個人によるものづくりの危険性が露見された。製造だけでなく、展示・公開、そしてその先の利用に至るまで、作ることが容易になっているがゆえの安全性を構築していくこともまた不可欠である。

製造物責任の免責については、現行のPL法においても、開発危険の抗弁、部品・原材料製造業者の抗弁が規定されており（同法4条）、これらの規定を適用または類推適用する方策は考えられよう。ただし、これらの規定は製造業者等に立証責任が課される点で十分ではない。

素材やデータに関与する者（素材提供者、デザイナー等）や、「製造業者等」に該当しうる者が、製造物に「β版」とか「未完成品」などと明記することも一定の効果があると考えられる。これにより、完成品として製造物に「欠陥」、すなわち「通常有すべき安全性」を有しないことを周知し、消費者に認識させることで、製造業者の製造物責任の負担を緩和できる可能性がある（ここでの緩和は、適用自体を免れなくても、損害額を低減できるという意味も含む）。

前述のとおり、PL法は、製造業者等・消費者間に情報の格差が存在することを前提とした消費者保護制度である。しかし、個人に近い製造業者であるメイカーズと消費者の距離や関係性は極めて近いため、メイカーズによる製造物については、一定の条件のもとで実質的に同法の適用を除外するという考えもありうる。[9]

この点について直接的に判断を示した裁判例を関知しないが、陸上自衛隊ヘリ墜落事故に関し、国が川崎重工に対して損害賠償請求した事件において、川崎重工がPL法の適用除外を内容とする主張をした例がある。両者の経済力や情報の格差は小さいように思えるが、裁判所は、川崎重工の主張を排除し、PL法の適用を認めた（東京地判平24・1・30）。

PL法の規定は基本的に強行法規であると考えられており、特約による免責、責任限定は、事業者・消費者間では無効になる可能性が高い（免責または責任限定条項が消費者契約法2条3項にいう「消費者契約」に当たる場合には、不当条項規制（同法8条〜10条）によって無効となる可能性が高い）。一方で、実務においては、事業者間でPL法に基づく損害賠償請求権の一部ないし全部を無効としたり、損害額の上限を設定する契約が締結されることがあり、一定の役割を果たしている。もっとも、事案に応じては民法90条の公序良俗違反として契約条項の全部ないし一部が無効とされる可能性がある。[10]

強行法規性の強い法律の適用がある分野においては、私人間《しじん》における契約によるデザインがワークしにくい面がある。しかし、強行法規か否かについては法律単位で考えるのではなく、個別の規定ごとに検討すべきであり、時代の変化・推移を観察して任意規定性に基づく契約のデザインにしぶとくトライする姿勢が大事なのではないか。たとえPL法の適用がなくても、一般不法行為の規定により適切な被害者救済を図ることは可能であろう。製造物の作り手が多様化するなかで、製造物の分野や性質、製造方法、製造業者の性質等により個別具体的に検討するような、画一的ではなく、柔軟性のある制度設計が必要ではないだろうか。

### 製造物責任に関するその他の問題

IoTが普及・促進され、さまざまな立場の製造業者や作り手が製造業に参入する社会においては、製造物責任のリスクを軽減するために、新しい社会インフラ整備が進むことも望まれる。具体的には、品質を保証する企業・団体による認定制度の創設、第三者機関によるADR（裁判外紛争解決手続）の活用、個人向けのPL保険の活用・促進等である。

IoTでその他留意すべき点として、レピュテーション（評判）・リスクがある。現状では、消費者から見て製品の前面に出ている製造業者（＝メーカー）のレピュテーション・リスクが、時に法的責任や訴訟リスクを凌駕するほど大きく、このリスクが、企業が少量多品種の製造やハッカブル（hackable：改良可能）な製品の製造を躊躇する要因の一つになっていることが指摘されている。もっとも、IoTが浸透する社会では、データや素材がユーザーにとっても重要な要素となることから、「デザイナー（設計者）」や「素材提供者」もまた、このレピュテーション・リスクに対峙する必要が出てくる。

一方で、テクノロジーの発達により新しい情報基盤が整備されることで、それに基づく新たな制度設計の可能性が生まれる。例えば、デジタル工作機械から出力されるすべてのモノについて、その製造過程や流通過程がトレースできる仕組みが研究されている。このような新しい情報基盤を活用することにより、モノ自体が有する属性情報に基づいた寄与度に応じた収益分配、責任の明確化とリスクの定量化によるＰＬ保険の拡充、ＰＬに関する裁判等の紛争の低減などが可能になるとも考えられる。

## 品質保証・品質管理

製造物責任の前提として、製造物の品質保証や品質管理についても検討する必要がある。品質保証は、契約した条件の品質を保証すること（性能、機能、法令等の規制）で、品質管理は、その品質を生み出すためのプロセスが実行されているかを製造者自身がマネジメントすることをいう。

品質保証の水準は、事業者間では契約によって定められ、事業者・消費者間では商品表示とその期待値によって定まる。このほか、安全性が強く求められる一部の製品については、最低限の品質基準が法令等によって定められている[11]。品質保証は製造者がその負担をすべて負うこととなっているため、メイカーズには大きな負担となるが、これが足枷となってメイカーズがものづくりを躊躇すると、IoTの発展が阻害され好ましくない。一方、日本の高い品質保証が強い国際競争力を生み出す可能性もある。検査試験場の拡充、第三者機関による品質検査・品質保証の実施、デジタル工作機械における品質保証を担保する機能の実装なども検討する必要があるだろう。

品質管理は、各プロセスが実行されているかを管理するが、それによって生み出されたモノについての品質を保証するものではない。現状では、日本の製造業者は品質管理を徹底して行なうことで、高い品質を維持している。ただし、個人に近いメイカーズに大企業と同様の品質管理を課すことは大きな負担になってしまう。メイカーズがどのような品質管理を、どこまで行なうべきなのかについては、今後検討が必要であろう。

## ハッカブルな製品のデザイン

NOKIA社の着せ替え携帯、ダイハツ工業の軽スポーツ車「COPEN〔図2〕」、KDDIのFireFoxOSを搭載したスマートフォン「FxO」、Google社の組立て式スマートフォン「Project

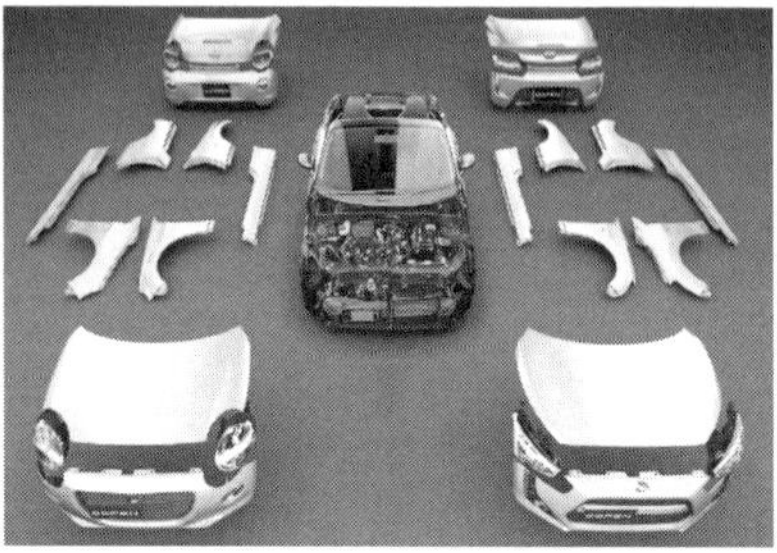

■図2　十一部品が着せ替えできる軽スポーツ車「ＣＯＰＥＮ」

・Paul Tan、s Automotive News（http://paultan.org/2014/06/20/daihatsu-copen/）

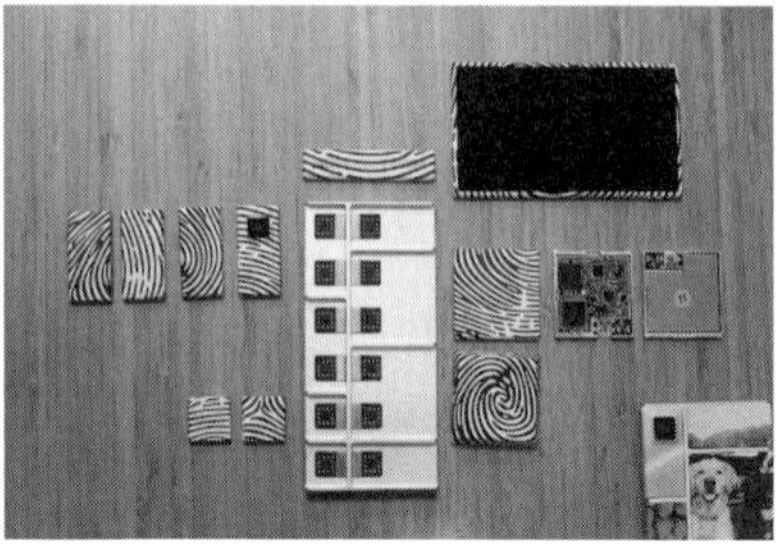

■図3　組み立て式スマートフォン「Project Ara」

・Project Ara Spiral　2 Prototype、by Maurizio Pesce Follow at http://urx.nu/j2tD
under a Creative Commons Attribution 2.0.
Full terms at http://creativecommons.org/licenses/by/2.0.

Ara[図3]」、ハード・ソフト共にオープン戦略をとったオリンパス社のカメラ「ＯＬＹＭＰＵＳ ＡＩＲ」など、企業による既成品とユーザーによる製造の中間的な、ハッカブルな製品が市場に登場してきている。

このようなハッカブルな製品や、大量生産品にユーザーがちょっとしたカスタマイズを加えるという「マス・カスタマイゼーション」の流れは、今後ますます増えていくと予想される。しかし、これら製品における企業の製造物責任とユーザーの個人責任のバランスをいかに考えるのかが問題になる。つまり、現行のＰＬ法の制度や運用を前提にすれば、企業があえて製造物にユーザーによる「改造」を行なう余地を与えていることが構造・設計上の欠陥に該当しないかが問われかねない。

「ＣＯＰＥＮ」は、これまで自社で囲い込んできた車体の外装デザインやその製造を、外部の企業や個人などの第三者に委ねるという、大胆な「オープン化」の発想で開発されている。自動車という大量生産の既成品を、各所有者の嗜好に合わせたオリジナル品に変貌させる。ボディ外板の一部を樹脂化し、着脱が可能な「Dress-Formation」という構造を採用し、ユーザーは好きなタイミングでルーフとバックパネルを除く十一部品を着せ替えできるようになった（ボディの着せ替えは販売店での作業となる）[12]。「世界に一台しかない、自分だけのクルマ」という新しい価値を消費者に提供するというＣＯＰＥＮの思想は、前述のLocal Motors社[13]の思想と軌を一にしている。

「ＣＯＰＥＮ」において外装を第三者に委ねられるのは、車体フレームだけで乗客の安全を担保する構造を採用しているためである。これにより車の輪郭や色といった見た目を左右する外装パネルは、第三者が安全面の制約を気にせずに設計・製造することができる。これは、現行の製造物責任法の解釈を前提としたうえで、法により担保できないリスクをアーキテクチャにより担保している例であり、法とアーキテクチャの協働はウェブサービスのような情報空間だけでなく、実空間に及んでいることを示している点で興味深い（このような法とアーキテクチャの関係性を考察することこそ本書の狙いにほかならない）。

## その他の問題点

製造物責任以外にも、３Ｄプリンターによって銃やわいせつ物を製造する事件が耳目を集めたように、これまで入手困難だった人まで、こうしたものをプリンティングする危険性が指摘されている。

もっとも、そのようなリスクには、現行の武器等製造法や銃砲刀剣類所持等取締法（銃刀法）、刑法などで対応が可能であり、現に摘発が行なわれている。新たな法規制については、慎重に検討すべきだろう。なぜなら、新たな法規制が十分な検討なしに上記リスクに対する漠然とした不安のみで行なわれれば、本書が描くＩｏＴが浸透する社会の可能性を安易につぶしむ可能性があるからである。[14]

一方で、上記リスクを未然に防ぐための、関係者による努力は必要である。例えば、プラットフォーマーや３Ｄプリンター等を取り扱う施設が、利用規約等のユーザーとの契約において、これらに該当するデータのアップロード禁止をしっかりと規定しておくことや、技術的な防止手段の開発等の努力である。

ＩｏＴが浸透する社会では、何が危険物で、何がわいせつ物かの判断が困難なケースも増えてくる可能性があり（α・β版、未完成品の流通、素材・サイズを変えたプリンティング等）、その対応について、今後継続的に検討も必要となろう。また、３Ｄスキャン技術の普及により、スマートフォンによって人間の身体や空間全体をスキャンするようなケースが出てくる。このようなケースでは、個人情報保護やプライバシー権に配慮すべき場面も出てくるだろう。

そのほかにも、ハードウェアの操作に必要な通信技術や電波などの割当てに関する電波法、無人航空機「ドローン」に見られるような飛行技術や飛行可能な高度の設定などを規定する航空法、公道の利用方法や維持・保守管理を規定する道路交通法や道路法、事故が起きた場合の原因究明のあり方を規定する消費者安全法など、ＩｏＴが関わり得る法領域は多岐にわたる。そのいずれもの分野においても、ＩｏＴはこれまでに表出してこなかった問題を投げかけることになるだろう。

―1―この「ものづくりの民主化」において中心的な役割を担っているのが「ファブラボ（FabLab）」である。ファブラボは、デジタルからアナログまでの多様な工作機械を備えた、実験的な市民工房の世界的なネットワークである。二〇一七年一月現在、国内だけでも一八ヵ所のファブラボが存在している（http://fablabjapan.org/）。

―2―Big Innovation Centre "Three Dimensional Policy: Why Britain needs a policy frame work for 3D printing" (http://biginnovationcentre.com/Publications/23/Three-Dimensional-Policy-Why-Britainneeds-a-policy-framework-for-3D)

―3―Arduinoは、オープンソースなプロトタイピングのための電子回路基板と統合開発環境ソフトウェアが一つになったシステムである。電子回路の基板設計図をクリエイティブ・コモンズ・ライセンス：表示 - 継承（CC BY-SA）により、ソフトウェアをＧＰＬライセンスにより公開している。

―4―磁石で電子回路をつないで電子工作を行なうことを通して、電子回路を楽しく学べるオープンソースのライブラリである。

―5―Local Motorsは、二〇〇七年にアリゾナで創業された、３Ｄプリンターなどを駆使して、ユーザーと一緒に自動車を製造する自動車メーカー。同社やユーザーによって提供されたデザイン等は、すべてクリエイティブ・コモンズ・ライセンス：表示 - 非営利 - 継承（CC BY-NC-SA）のもとで公開している。

―6―http://www.shapeways.com/blog/archives/19920-left-sharks-back-alright.html

―7―http://www.thingiverse.com/thing:667127

―8―拙稿「３Ｄデータが知的財産法に提起する課題――純粋／応用美術あるいは平面／立体の区別を超えて」（『月刊パテント』二〇一七

年七〇巻二号）参照

（9）アメリカでは、購入者が自動車の製造工程に五〇％以上携わることで、衝突試験などの規制が免除される州がある。

（10）この点、ＥＣ指令は個人の生命や身体、財産の侵害によって生じた損害を救済することを目的としており、指令に基づく製造者の責任を被害者との関係で制約する免責条項を禁止している。

（11）電気用品安全法、消費生活用製品安全法、液化石油ガスの保安の確保及び取引の適正化に関する法律、ガス事業法、食品安全基本法、薬機法（医薬品、医療機器等の品質、有効性及び安全性の確保等に関する法律）など。

（12）同製品は二〇一四年度のグッドデザイン金賞を受賞。

（13）３Ｄプリンターを用いた自動車製造で注目されている。

（14）刑事法の謙抑性の観点から、安易な解釈・適用の拡大についても慎重であるべきだが、どうしても３Ｄプリンターのリスクに対応しなければならない場合には、未遂や幇助の規定を利用することも可能であろう。

# 10　不動産（建物、土地、都市）

## ストック型社会における不動産の「余白」とシェア文化

インターネットの普及以降、ソフトウェアやコンテンツの世界で生まれ、育まれてきた「オープン」や「シェア」という価値観や文化、そしてビジネスにおけるフレームワークの変化が、物理的な制約のあるハードウェアにまで及んできていることが、ここまでの本書の内容でご理解いただけたと思う。

オープン化の流れは物理的なハードルがあるハードウェアを扱う製造業、さらには土地や建物といった不動産には馴染みにくいと従来と考えられてきた。しかし、そのような認識は間違いだったということが徐々に明らかになってきている。本項では、「オープン」や「シェア」という価値観や文化が、最も巨大で、スタティックで、かつ一般的に価値が高いハードウェアたる建物や土地といった不動産の分野にいかなる変化をもたらしているのかを考察する。また、そこにはどのような法的課題があり、その課題を解決するデザインをどのように考えるべきかについても、可能なかぎり言及したい。

現在日本には、八二〇万戸以上の空き家があり、七戸に一戸以上は空き家だという報告がある。[1] このような不動産をめぐる環境変化のなかで、不動産ビジネスや我々の「暮らし」をめぐる文化もストック型社会[2]を前提に描かざるを得ない状況にある。

不動産分野におけるストック型社会への移行の兆しは、さまざまな形で表出してきているが、社会問題として語られることの多い空き家や空きビルの増加を、いわば「不動産の余白」として、自由に使える空間資源を手に入れる機会と捉え直す流れもその一つであろう。

近年増加しているシェアハウスは、リビング、キッチン、浴室などを共有し、各住人の個室をプライベートな空間とする共同住宅またはそのような共同生活のスタイルである。[3] これを仕事場に転用したのがシェアオフィスである。このように、空間やモノをシェア・共有することで豊かな暮らしを送るという「シェア型消費」は、不動産に限らず、リーマンショックまたはネットの普及以降の先進国でほぼ同様に見られる消費傾向となっている。「シェア」や「オープン」といった文化の醸成なしには、こうした動きが日本の社会に浸透することはなかったであろう。

### ネットを利用した新しい不動産仲介

不動産分野において、ストック型社会への移行に敏感に反応したのは、ネットやデジタルと相性が良い不動産仲介業だった(不動産仲介業は不動産というハードウェアを扱うが、その実は情報産業なので必然ともいえる)。

その象徴的な存在が、二〇〇三年に始まった「東京R不動産」というウェブ上の不動産仲介サービスである。「改装OK」「レトロな味わい」といった従来の基準とは異なる軸で物件の魅力を伝えることを特徴としているが、そのほかにも潜在的な魅力を有する個性的な不動産をリノベーションし、賃貸・販売することも手がけている(余談になるが、私が所属している法律事務所は東京R不動産がリノベーションした物件を事務所として賃借している)。現在は、東京のみならず、大阪、神戸、福岡、金沢、京都ほか全国九ヵ所に、それぞれの地名の後に「R不動産」の名を冠した事業を展開している。

さらに、二〇一五年三月には、使わなくなった(もしくは今後使われなくなる)公共施設について民間への売却・賃貸を橋渡しする「公共R不動産」サービスも開始している。横浜市や浜松市などの自治体と連携し、自治体が個別に利用者を募っても応募が少なく再利用が進んでいない土地や、財政難で維持が困難となっている施設等の有効活用に、民間の資金や知恵を生かそうとしている。

このような動きも、「不動産の余白」をネットを利用して可視化させ、ストックの利活用を活性化させるものと評価できる。

## 「暮らす」と「泊まる」の間

これまでの日本では、個人が建物を所有ではない方法で使用する場合、二年単位の賃貸借契約か、一泊単位の宿泊契約か、という二つの極端な契約しか選択肢がないことがほとんどであった。しかし、近年、「二拠点生活」「多拠点生活」という言葉を耳にする機会が増えてきたように、平日は都会、週末は自然豊かな郊外で過ごすといった自宅以外の拠点を求めるニーズが高まり、数週間程度の賃貸・宿泊等の中間的な契約形態も求められるようになってきている。

私がサポートしている「Nowhere Resort」というサービスは、一軒家を一週間単位で貸し出すことにより、「七日間の海辺の暮らし」を提案している。当初は自社所有物件のみで展開していたが、最近では所有者から委託を受けている物件も多い。二〇一四年からは別荘シェアリングサイト「STAYCATION」も始まった（図1参照）。地域の住宅ストックを「バケーションレンタル」や「リゾート貸し別荘」というコンテンツとしてパ

■図1　Nowhere Resortの運営するSTAYCATIONのシェア別荘。一日単位の貸出を行なっている。後述する法的課題をクリアするために、利用規約では「本規約に基づく本物件の使用形態は、一時使用を目的とした賃貸借契約といたします」としている（https://www.staycation.jp/kiyaku/）。

ッケージ化し、短期賃貸物件として運営する試みである。[4]

これもストック型社会における不動産の流動化の一つの現象として捉えることが可能である。同時に、「暮らす」と「泊まる」との間に潜むビジネスニーズや文化を生み出す試みとしても興味深い。

## Airbnbの衝撃

「Airbnb」は、二〇〇八年に米国で始まった、個人が所有または管理する空き部屋や空いている宿泊施設を掲載、検索、予約できるネット上のマッチング・サービスである。Airbnbでは、世界中にある空き部屋を一泊から借りることができる。運営元は、予約料金に応じてゲスト（借りる側）から六%〜十二%のサービス料を得るとともに、ホスト（貸す側）の収入からも三%を徴収する。ホテルに比べて一般的にリーズナブルであり、より現地の雰囲気を味わえる等の理由によって、旅慣れた旅行者からの人気が急上昇している。すでに世界一九一ヵ国、三万四〇〇〇以上の都市に広がっており、東京だけでも一万件以上の物件が登録されている。

Airbnbのホスティングにとって一番大きな問題は、物件が賃貸物件である場合に、物件オーナーとの間の賃貸借契約における転貸禁止規定に該当しないかという点である。賃貸物件の賃貸借契約書は、第三者への転貸禁止（民法612条1項）条項が存在するものがほとんどである。Airbnbのホスティングを賃貸人に無断で行なうと、この転貸禁止に違反し、賃貸約契約違反に基づき、契約解除（同条2項）とそれに基づく明渡義務が発生する可能性がある。「転貸」に該当するか否かについて、判例は「背信行為と認めるに足りない特段の事情があるとき」は無断転貸に基づく解除はできないと判断している。一般的には、転借人に独立の占有が認められない場合などは「背信行為と認めるに足りない特段の事情」があるといえるとされているが、その境界は曖昧であり、Airbnbがこれに該当するか否かが個別ごとの案件で問題となろう。

Airbnbのホスティングにあたっては、賃貸借契約のほかにも、マンション管理組合規則、集合住宅管理規則、住宅所有者組合（HOA）規則などの規定を確認する必要がある。また、自治体によっては、条例等により短期宿泊客を有料で泊める活動を規制していたり、物件掲載もしくはゲスト受入れの前に登記・許可もしくは免許が必要になるケースもある。そのほか、特定種別の短期賃貸を全面禁止していることもあるため、物件の所在地域の法令もよく確認しておく必要がある。[5]

## 旅館業法などの業法規制

バケーションレンタル・サービスやAirbnbのようなサービスにおいては、業法への抵触も問題となる。

特に旅館業法は、「宿泊料を受けて人を宿泊させる営業」を旅館業と規定しており、同法を所管する厚生労働省は、寝具（ベッド、リネン等）を提供することで「人を宿泊させる」に該当し得ると解釈していることから、部屋とベッドを有料で貸し出せば旅館業に該当する可能性がある。[6]

旅館業に該当するか否かについては、実質的な内容[7]で判断されるが、旅館業法に関する通達[8]では、旅館業に該当する方向の事情として、衛生面の維持・管理をオーナーが行なっている場合や、生活の本拠を移していない（暫定的居所である）場合、期間一ヵ月未満の契約を行なっている場合などが挙げられている。

仮に旅館業に該当するとなると、建物の構造設備に細かい基準があるだけではなく、ホテルであれば一〇室以上、旅館であれば伍室以上という部屋数の制約がある。「簡易宿泊所」というカテゴリーもあるが、多人数で部屋を共用する場合、延べ床面積が三三平米以上必要になる。つまり、Airbnbに登録しているほとんどの部屋が旅館業法の基準を満たすことは不可能である。厚生労働省や国土交通省は現在Airbnbを含む、いわゆる「民泊」を「簡易宿泊所」に位置づける方向性で法改正の議論を進めている。また、細かい運用は地方自治体ごとに異なるので、それぞれの地域に合わせた工夫も必要である。実務では、地方自治体の担当部署と行なう事前摺り合わせが重要な役目を果たしている。二〇一四年に「Yahoo!トラベル」の別荘レンタル事業が開始一ヵ月でサービス停止に追い込まれたことは記憶に新しいが、事前にこのような手続を怠っていた可能性は否定できない。

また、Airbnbは、事業として報酬を得て、宿泊サービスを取り次ぐ行為（旅行業法2条1項3号）を行なう者として旅行業法に抵触する可能性もある。[9] さらに、Airbnbでホスト事業を行なうにあたっては、建築基準法等に基づく土地の用途制限や都市計画法を確認する必要もある。

## 一時使用目的賃貸借の活用

バケーションレンタルやAirbnb等のサービスは、旅館業ではなく、建物の一時使用を目的とした短期の賃貸借契約と構成されているものがほとんどである。これは生活の本拠を置くような形態は、宿泊業ではなく、貸室業・貸家業であるとの切り分けを厚労省が採用しているからである。

建物の一時使用目的の賃貸借は、土地の一時使用目的の賃貸借（借地借家法25条）と同様に、法律に明示的な記載はないが、借地借家法40条の文言や、契約自由の原則から、当然に認められると考えられている。この一時使用目的の賃貸借には、借地借家法が定める普通借家契約への規制[10]を受けないというメリットがある（同法40条）。しかし、単に契約書のタイトルや条項に「一時使用目的」と記載しているだけでは不十分であり、期間限定であることが明白な客観的実態が必要であることから、実態としての調整が必要になってくるケースが多い。バケーションレンタルやウィークリーマンションなどでは、契約更新を繰り返すと、この一時使用目的が否定され、「借家」に該当すると判断されるおそれがある。

なお、マンスリーマンションなど比較的長期に及ぶ短期賃貸借モデルのサービスにおいては、更新拒絶や解約申入れの制限を回避するために、定期借家契約が活用されることも多い。しかし、マンスリーマンションのような事業形態では問題ないことでも、ウェブサービスを活用した事業形態では定期借家契約に必要な法律上の要件〔11〕を満たすのが難しいケースが少なくない。

## 民泊が顕在化させた不動産業界の変化の波

バケーションレンタルやAirbnbのような民泊による既存の住宅ストックの「余白」を利活用する新しいサービスは、現行の法制度に整合していない部分があることは否定できない。しかし、旅館業法をはじめとする先述の法律はネットを利用して個人が遊休不動産を活用する事業を行なうことを想定して制定されていない。また、インターネットの影響やネットを前提としたサービスの背景にある「オープン」「シェア」等の新しい価値観や文化、それに基づくサービスの出現といった時代の変化を否定することは不可能である。

一方で、そもそも民泊においてはホストとゲスト間のトラブルや、ゲストの安全性の確保が問題視されるなど、事業者側にも解決すべき課題はある。双方の妥協点を図る動きとして、旅館業法が社会ニーズに整合しなくなってきている点を直視したうえで、ホテル税の徴収といった形で新ビジネスとの共存を模索する自治体が出てきている。また、国家戦略特区などにおいて業法の規制を緩和する動きも出てきている（ただし、外国人利用者に限定するなど、日本人は利用しにくい設計のケースもある）。Airbnbなど事業者側も公共政策チームを作り、地場経済に与える影響[12]をデータ化して行政に提供するなど、事業を合法化するためのロビーイング活動を世界的に推し進めている。

一時使用賃貸借契約など柔軟性のある契約を利用して、自ら環境をデザインする姿勢が、こうした分野でも有効である。だが、最終的には、業法による各種規制も、それぞれの法の趣旨に立ち返り、新しい社会環境の変化に応じた解釈・運用を行なうか、または何らかの形での法改正を行なうことが必要になると思われる。国と新しい試みを行なう事業者とが、ユーザーの便益と安全性に関して、どのように折り合いをつけていくのか今後の動きが注目される。

### リノベーション、減築

不動産のうち、建物に目を移してみると、人口増と経済成長を前提とした時代には、限られた土地に可能な限り床面積を広げようとする新築・増築が求められた。しかし、現在の日本では、人口減と低成長を背景に、新築（フロー）の数が相対的に減少し、その一方で、空き家や空きビル、廃屋等の増加が社会問題化している。そのような社会環境の変化のなかで、既存建築（ストック）の増加［図2］を、人々が利活用できる建築・空間等の不動産リソース（資源）の利活用という観点からポジティブに捉え直す試みが増えている。

既存建築ストックの利活用の需要としては、①建築物が市街になじんでおり、デザインや景観を残したい、②既存建築ストックを残したまま不動産価値を高めたい、③建替え・新築にかける資本が不足している、④建替えに要する期間に発生する逸失利益を逃したくない、⑤歴史的・文化的に価値の高い建築物を保存しておきたい、などがある。

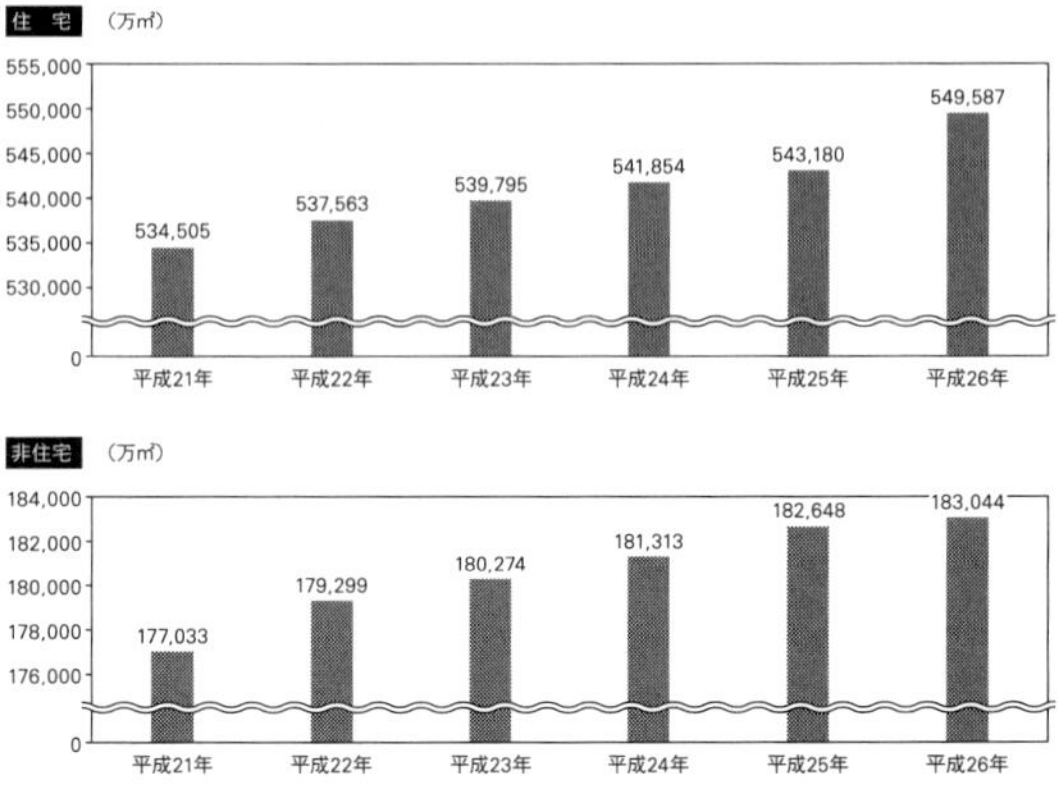


■図2　建築物ストック統計（延べ床面積の動向）
・出所：国土交通省総合政策局 建設統計室「建築物ストック統計」（平成二六年三月三一日）
(http://www.mlit.go.jp/common/001032872.pdf)

こうした需要の高まりとともに、既存建築ストックの利活用の場面において、経年劣化に対する修繕を意味する「リフォーム」ではなく、不動産価値の向上を主眼として大胆な増改築や用途変更等を行なう「リノベーション」や、床面積を減らして効率の良い暮らしを目指す「減築」[13]という考え方が注目されている。

## ストック利活用と建築基準法の不整合

現行の建築基準法は、戦後の復興と経済成長のなかで圧倒的多数を占めた新築の質（安全性）の確保のための規制を中心として組み立てられている。そのため、既存建築ストックをリノベーション等により利活用する際[14]、同法の「新築至上主義」に基づく規制が障害となる。

現在、日本の既存建築の多くは、いわゆる「既存不適格建築物」（建築当時は適法であったが、その後の法改正等により現行法令には適合しなくなった建築物）だといわれている。このような建築物に対して、一定以上の修繕・模様替え[15]や用途変更（コンバージョン）を行なおうとする場合、建築基準法は、新築と同じ性能・安全性を遡及的に備え、確認申請および検査済証を得ることを求めている（同法6条1項、3条2項・3項）。

その結果、既存建築ストックの利活用の際に、用途変更等を利用した大胆な改修工事を行なうことができないだけではなく、建築基準法への抵触を避けるために、あえて維持向上が義務付けられない程度の小規模な修繕・模様替えにとどめる事態が生じている。その結果、かえって安全性を損なうという負のスパイラルさえも発生している。

さらに、実務上の問題点として、既存建築ストックの担保価値を検証する仕組みが十分に整っていない点も挙げられる。リノベーション等に際して、物件オーナーがローンを設定しようとしても、新築の場合と異なり、建築物の担保価値の評価ができない。それゆえにリノベーション等の工事にローンの設定が叶わず、既存建築ストックの利活用が進まないことがある。[16]

## ハードだけでなく、ソフトも含めた安全性の確保

既存建築ストックの利活用にあたっては、上述したような大規模な修繕・模様替え、用途変更時における建築確認申請の問題以外にも、新築と同様の耐震基準や防火避難規定を遡及適用すべきかといった問題もある。近年、いわゆる旧38条認定建築物や超高層ビルなど比較的大型の建物について、規制緩和がなされたが、ここでは、いかにストックの利活用と安全性の維持

向上を両立できるかが問われている。

このような問題点に対しては、新しい制度の提案もなされている。例えば、既存建築ストックの用途変更を行なう場合に、遡及適用する用途変更を一定規模の用途変更に限定することや、遡及適用する対象を建物全体ではなく、当該用途変更部分に限定することなどが提案されている。また、検査済証がない建物を用途変更したい場合（確認申請をする場合）、民間審査機関が当時の基準に照らして適法かを現地審査し、違法建築部分があったとしてもそれを当時の適法状態にまで戻せば、検査済証に替わる証書を発行するという制度の提案もある。

そもそも、現行の建築基準法は、ハードを信頼し、ソフトを信用しないという世界観によって成り立っている。例えば、防火・避難性能は、建築物の軀体や建築設備といったハード面で確保されるべきであり、付属設備や人的対応などのソフト面は考慮しないとする考え方が強い。また、耐震評価の手法における技術進歩や、定期的メンテナンスの体制整備状況等についてもあまり考慮されていない。このような現行の建築基準法や関係法令の根本的考え方は、既存建築ストックには当てはまらない。

新築についてはより安全性を確保する姿勢でよいが、既存建築ストックの利活用においてはその姿勢だけでは建て替えるという選択肢しか残らず、利活用が進まないという結果に陥りやすい。そこで、既存建築ストックについては、現状の維持管理状態等を踏まえて、ハードの不十分さを補うソフト面での取組みを評価する仕組みが検討されるべきであるという指摘がある。安全性を維持しつつ、既存建築ストックを有効に活用できる法・社会制度の構築が喫緊の課題といえよう。

## 原状回復という常識を打破する

賃借人は、賃貸借契約終了に基づき原状回復義務を負うとされており（民法597条1項、606条）、退去時の原状回復義務により物件をカスタマイズする自由が著しく制限されているというのが日本の借家契約の大きな特徴の一つである。物件をカスタマイズしたい場合、賃貸物件ではなく所有物件を探すしかないというのが、長く日本の不動産物件の不文律だった。

しかし、不動産価値が低下している地方を中心に、原状回復義務がない物件をまちづくりに積極的に活用する試みが増加している。すでに各地でさまざまな試みがなされているが、例えば、まちづクリエイティブ社（千葉県松戸市）が取り扱う物件のおよそ九割は「原状回復不要」である。同社は、まちづくりの一環として、松戸駅を基点とした半径五〇〇メートルほどの地区を「MAD City」と名付け、改装可能な物件を個々に物件オーナーからいったん借り上げて、クリエイティブ層に転貸（サブリース）する手法を採用し、この四年間で一五〇人を超える新しいクリエイティブ層の入居者を迎えた。

原状回復不要という、個人のカスタマイズやDIYを歓迎する不動産を増やすことで、米国の社会学者リチャード・フロリダ[17]が提唱するように「クリエイティブ層を活用して、クリエイティブシティを創出し、まちの価値を上昇させる」という流れを作る狙いがある。

## 原状回復の時期を修正する

「ロイヤルアネックス・メゾン青樹」という東京・東池袋にある賃貸マンションは、入居者が自ら壁紙を選べる「カスタマイズ賃貸」「オーダーメイド賃貸」という試みを始めて以来、入居希望者が殺到するようになった。一時は空室率二七%の状態であったが、わずか二年で入居待ち一二〇人の人気物件へと再生した。

前述のとおり、日本の賃貸物件においては原状回復義務により、賃借人によるカスタマイズが著しく制限されている。しかし、このマンションでは、原状回復義務の生じる時期を、日本の賃貸住宅の賃貸借契約では一般的に「退去時」とするところ、次の入居者の「入居前」に変更した。通常は入居の申し込みが入る「前」に白い壁紙を貼り直しているわけだが、これを入居の申込み「後」にずらして、壁紙選びを入居希望者とともに行なう形に変えたのである。それにより、新しい借り手が従前の空間を最大限活用することができるだけでなく、壁紙を選んで決めるという一連の過程を入居者と大家が一緒に楽しむことができるようになった。マンションョン住民の住まうことに対する意識を高め、参加型の不動産運営を実現しているといえよう。賃貸住宅といえども自分の住まいに愛情と愛着をもって主体的に住みこなす――こうした新しい、リテラシーの高い賃借人たちが、新しい不動産マーケットを生み出している。

## 変化する設計監理業務委託・工事請負契約

ストック社会への移行という社会環境の変化のなかで、建築士、工務店、施主との間の典型的な基本設計・実施設計・監理に関する業務委託契約や工事請負契約の形にも変化が生じてきている。

これまで新築においては、中央建設業審議会や民間（旧四会）連合協定工事請負契約約款委員会などが提供する契約書のひな形を流用する形で契約が締結されるケースがほとんどであった。しかし、新築と既存建築ストックの利活用の場合とで契約すべき事項は異なるし、経済状況の悪化により改修繕のための資金確保が難しいケースも多い。

そのようななかで、既存建築ストックのリノベーション案件を中心に、設計や工事が終わったらそれで終わりという一過性の工事・設計契約形態から、建築士や工務店が工事後の建築物にも積極的にコミットしていく、レベニューシェア型の設計契約や請負契約が増えてきている。[18] 従来は「建てたら終わり」で、建築後にあまり関わることがなかった建築士や工務店が、建築後の物件に継続的にコミットしていくことは、物件価値の維持管理や周囲のまちづくりにも資するといえよう。

また、新築にも当てはまることであるが、これまでは基本設計および実施設計を内容とする設計業務委託契約が主流だった。しかし、基本・実施設計だけで引き上げずに、設計と施工を一括して行なう「デザインビルド」というタイプの契約も増えてきている。このような契約はゼネコンなどが手がける大型の建築物ではすでに当たり前になっているが、戸建てや小さな建築物においても徐々に浸透してきている。このように建築士のデザインや工務店の技術が相互に浸透していくことにより、トータルのデザインや設計が可能になる。

コンパクトシティとストック社会に適合する法律・契約

リノベーションと用途変更、それを実現するレベニューシェア型の設計監理または工事請負契約、そして賃貸借契約の原状回復義務からの解放といった試みは、それぞれ別の事象のようにも見えるが、根底ではストック社会への移行と、不動産リソース（資源）の利活用という同じ一つの渓流に行き着く。これは「民泊」、「バケーションレンタル」なども同様である。ここでは、既存の不動産リソースの利活用と安全性という相反しがちな二つの要請のバランスが求められていることを紹介したが、これは不動産分野だけにとどまらず、ハードウェアやコンテンツなどあらゆる分野が直面している課題である。

また、リノベーションの隆盛は、ストック社会における賃貸人優位から、賃借人優位の流れを反映している。賃借人優位の流れが進めば、現在のように賃貸人から一方的に提示される賃貸借契約書にサインさせられるのではなく、賃借人の要望に従い賃貸借契約書もカスタマイズされる時代になるだろう。これは他の分野でも見られる、附合契約から契約自由の原則への回帰の流れとも合致する。

これらは一つ一つの土地、建物に関する話ではあるが、それにとどまるものではない。その先には私たちが住む街や都市が広がっている。減築の考え方を都市に当てはめると、「コンパクトシティ」や「スマートシティ」になるが[19]、私たちは自分たちの街や都市のルールも小さな単位から主体的にデザインしていくことができるのだ。

なお、不動産分野においては、法規の専門家でもある建築士が果たす役割は大きい。建築士は、常に土地や建物等の物理的制約と法規との間の折衝を行なっている職能である（ここでの「アーキテクチャ」は、建築と環境・構造の二重の意味を含むことになる）。筆者の個人的な直感ではあるが、情報化社会においては安全性と既存のリソースの利活用のバランスを図るアイデアや施策が建築不動産分野に限らず重要になってくるが、建築士が建築不動産分野でこれまで培ってきた試みが、他分野においてももっと参照されるべきであることを最後に付言しておきたい。

―1―平成二五年住宅・土地統計調査。

―2―近年、不動産分野では、物件をスクラップ・アンド・ビルドしていくことをフロー型社会の不動産ビジネス、既存の建物・土地の利活用をストック型社会の不動産ビジネスと捉えるようになっている。

―3―シェアハウスのなかには、建築基準法（住宅か、寄宿舎か、共同住宅か等）や消防法（防火対象物か等）、地方自治体が制定する条例などの基準を満たしていないと思われるものもあるが、運営者が「シェアオフィス」としている場合は、実態が住宅なのか、オフィスなのか、宿泊施設なのかが不明確で、摘発が見送られるケースも多い。一部では「脱法ハウス」と称され、社会問題化している。

—4—建物所有者が建物を使用しない期間に、その建物をシェアして貸し出すマーケットは、海外では「バケーションレンタル」や「ホリデーホーム」といった言葉で呼ばれている。欧米では休暇をまとめて取る習慣があることも一因だろう。

—5—Airbnbも法律への抵触があり得ることを十分認識しており、利用規約やガイドラインにおいて、家主やHOAと十分にコミュニケーションをとることや、物件が所在する地域の法令を確認することを推奨している。Airbnbの日本版ウェブサイトのヘルプページでは、日本の都市計画法、旅館業法、厚生労働省による各種通知、地方自治体等で求められる手続に関する案内を掲載している。

—6—旅館業法に関しては、Airbnb登場以前にも、すでにウィークリーマンション事業者等により問題提起がなされていた。ベッド等の家具付きウィークリーマンションは、賃料という名目で金銭を受領していても、人を宿泊させる営業とみなしうる以上、短期賃貸借契約と旅館業法との関係でAirbnbと同様の問題が生じることは想像に難くない。

—7—Airbnbのようなサービスにおいて、部屋を実際に提供するホストは、会社ではなく個人であることが多いので、営業行為として行なっているかどうかの判断が難しい場面も少なくない（営業行為か否かは、反復継続して行なっているかどうか等の考慮要素の下に判断される）。

—8—契約書や利用規約・約款のタイトルを「宿泊サービス契約」等から「短期賃貸借契約」とするだけでは回避できない。

—9—住宅区域内では営業行為ができない等の規制が存在する可能性がある。

—10—契約期間が一年未満の場合は期間のない契約とみなされる（借地借家法29条）ほか、解約申入れや更新拒絶も大幅に制限される（同法27条、28条）。

—11—公正証書等の書面による契約に限られる（借地借家法38条1項）ことに加え、更新がなく期間の満了により終了することを契約書とは別にあらかじめ書面を交付して説明しなければならない（同条2項）。

—12—Airbnbやバケーションレンタルを活用する旅行者は、ホテルに泊まる観光客よりも長期滞在し、より多額の費用を使い、地元文化を知ろうとするので、地場産業にとって望ましいタイプといわれている。

—13—例えば、子どもが独立し、夫婦二人で暮らすようになった場合に、不要な部屋を減らすために、二階建てを平屋にするなど。

—14—例えば、省エネルギー対応工事や安全性を高める工事を行なう場合、超高層建築物（旧建築基準法38条認定）における設備の更新や計画変更などの改造を行なう場合など。

—15—大規模な修繕・模様替えとは、建築物の主要構造部分（壁、柱、床、梁、屋根、階段など。ただし、構造上重要ではない間仕切壁、最下階の床、ひさしなどは除く）の一種以上について行なう過半の修繕・模様替えをいう。実務上は、対象となる壁が構造上重要な壁か否かが問題となることが多い。

—16—そのほかにも、金融機関では融資の可否を判断するにあたり、コンプライアンスの観点から、建築基準法に規定されている検査済証を求めることが多いものの、九九年以前は半数以上の建築物で検査済証の交付を受けていなかったといった問題がある。

―17―リチャード・フロリダ『クリエイティブ都市論――創造性は居心地のよい場所を求める』（井口典夫訳、ダイヤモンド社、二〇〇九年）

―18―例えば、イニシャルで設計料を支払うのではなく、設計料の全部または一部を建築後の物件から生じる売上や利益から回収するという契約形態など。

―19―人口の減少や空きスペースの増加が進行する中、市街地を無秩序に拡大するのではなく、都市全体をコンパクトなスケールに縮め、利便性を高めるとともに、税金や環境への負担を抑えようとする考え方。

# 11　金融

## 新しい決済、資金調達、通貨

私たちが、紙幣や硬貨といった現金に代わり、銀行の口座情報やクレジットカード情報の交換などを通じてお金を移動させるようになって、すでに長い年月が経過している。昨今、このレガシーな銀行やクレジットカード（およびそれに付帯する高い手数料）に代わる金融サービスが台頭してきている。金融とＩＴ・テクノロジーを融合した「フィンテック（FinTech）」を合言葉に、銀行など大手金融機関に代わるベンチャー企業などが重厚長大な金融分野に乗り出してきている。そのなかには、新しい決裁や資金調達の手段を提供するサービス、いずれも個人にウェブやスマートフォン・アプリを通して簡易なものを提供するサービスが含まれる。また、いわゆる電子マネーや仮想通貨、地域通貨の試みはこれまでにもあったが、近時のフィンテック・ムーブメントのなかで、次世代の金融サービスの重要なインフラとして、ビットコインのような仮想通貨が重要な地位を占める可能性が正面を切って議論され始めている。

このような近年の金融をめぐる変化は、現実世界のリアルな取引ではなく、インターネットやモバイル上で取引される割合が増加していることと無縁ではないはずだ。

## 決済方法の変化

クレジットカードは一九世紀の後半に米国で生まれたサービスである。貨幣をデータ化し、売主・買主それぞれの銀行口座間でそのデータの収受を行なう手続をカードの提示とサインによって簡易化した。その後、決済方法に大きな変化は生まれなかったが、インターネット以降の決済の新しい形に先鞭をつけたのがPayPalである。

PayPalは一九九八年創業の、電子メールアカウントとネットを利用した決済サービスを提供する米国企業である。登録した銀行口座やクレジットカードで個人・企業間や個人間の送金や入金を行なうことができる。金銭の授受をPayPalが仲介するため、取引先にクレジットカード番号や口座番号を伝える必要がなく、安全に取引ができるとされる。欧米ではすでに個人の決済手段としてスタンダードになっているが、日本においては、日本国内PayPalユーザー同士および日本と海外のPayPalユーザー同士の非商用目的の個人間送金サービスは行なっていない。これは資金決済法に基づく規制のためといわれるが、PayPalは、二〇一二年八月一日に同法の「資金移動業者」に登録しており[1]、同法だけが理由とは考えられない（この点については後述する）。

PayPal以降しばらく決済分野のイノベーションは起こらなかったが、二〇〇九年設立の米国企業Squareが、スマートフォンに小型の装置をセットするだけでクレジットカードの支払端末に変えてしまうモバイル決済サービスを開始した。また、近時では、AppleやGoogle、Facebookなど米国の巨大プラットフォーム企業が、相次いでスマートフォン向けの決済サービスを発表している。日本でも、無料通話アプリ「LINE」が提供する決裁サービス「LINE pay」[2]や、メタップスが運営する決済額月一〇〇万円までは決済手数料を無料とするオンライン決済サービス「SPIKE」がすでに二〇万登録事業者を獲得するなど急成長を遂げていると同時に、伝統的な決済ビジネスはネット企業の攻勢により岐路に立たされている。

従来、個人や中小企業がクレジットカード決済を導入するには、カード会社の厳しい審査を通過する必要があり、審査を通過したとしても、登録費用などがかかっていた。しかし、PayPalなどのオンライン決済サービスやSquareなどのモバイル決済サービスは、支払者と受領者との間に、これらの決済サービスが入ることで、受領者がカード会社と直接契約をしなくても、自身のウェブサイトやモバイル上でクレジット決済を受けることができるようになる。導入の初期費用や月額費用も無料となっている場合がほとんどである。これらのサービスは、個人間の少額決済の簡易化により、個人の銀行口座にあるお金をデータ化し、紙幣や硬貨のようなキャッシュ（現金）と同様に自在に利用できることを目指している。

これに対し、ケニアを中心に携帯電話を通じて利用されているM-Pesaは、個人が持つ携帯電話上に銀行口座を開設し、その口座を通じて個人間でお金のやり取りを行なうことができる。クレジットカード、Paypal、そしてSquareなどのモバイル決済サービスも、いずれも既存の銀行サービスを前提としたサービスだが、M-Pesaはそれすらも前提としない点でユニークだ。

このようにクレジットカードやPaypalが築き上げた決済の一時代に取って代わらんとする新しいサービスが次々と生まれてきている。

個人間送金サービスの規制

日本では、二〇〇一年の資金決済法の施行により、銀行以外でも資金移動業者に登録すれば、少額の為替取引（一〇〇万円に相当する額以下）に限り、個人間送金サービスを行なうことができるようになった。資金移動業者への登録は、一〇〇〇万円の履行保証金の供託や、いわゆる金融ＡＤＲへの対応が必要になること等、財産的な基盤があること等が求められる。

また、資金移動業の実務運用においては、資金決済法のほか、「犯罪による収益の移転防止に関する法律」への対応など、いわゆるマネーロンダリング対策に大きな負荷がかかる。[3] これらへの対応が、先に紹介したPayPalや日本のフィンテック・ベンチャーへの足かせとなっている点は否定できない。つまり、資金決済法の施行により銀行業以外にも資金移動業への道が開かれたが、犯罪収益移転防止法の観点からは、新たに送金サービスに参入する資金移動業者にも従来銀行が務めてきたものと同等の対応が求められる。しかし、銀行が業界を挙げて長年培ってきた業務運用を短期で実現することは困難であり、必然的にフィンテック・ベンチャーは、あらかじめ本人確認済みの会員間での送金や、既存金融機関との提携により、これらに対応せざるを得ない。

決裁サービスにおいては、マネーロンダリング対策は不可欠であるが、決済ビジネスを真に活性化するためには、例えば、資金決済法施行に伴い設立された社団法人日本資金決済業協会などの第三者機関が、業務対応においても業界取りまとめ機能を担うなど、資金決裁法だけでなく犯罪収益移転防止法の規制緩和を行なうべきであるとの指摘もある。

### クラウドファンディング

ネット以降に登場した新しい資金調達の方法として、インターネットを通じて、不特定多数の人から比較的少額の資金を調達することを可能にしたクラウドファンディングがある。米国のKickstarterや日本のCAMPFIREはその代表格である。世界中から、特定のプロジェクトへの小口の出資を求めることができる点で、いかにもインターネット的な仕組みといえよう。

クラウドファンディングには、寄付型（出資者へのリターンがない形）、購入型（出資者へのリターンは完成した製品等、対価性がある形）、投資型（出資者が金銭的なリターンを得る形）が存在する。世界的には投資型の規模が大きいといわれるが、日本では、投資型は金融商品取引法との関係で金融商品取引業の登録が必要と考えられているため、投資型の数が少なく、購入型と寄付型がほとんどである。この点については、二〇一四年六月から投資型である「Crowdcredit」が登場するなど徐々にプレイヤーが増えており、また、投資型クラウドファンディングの成長を期待すべく、許容するための法改正について議論が続けられている。各種クラウドファンディング・サービスの登場・普及は、これまで経済的な理由でプロジェクトを断念してきた個人や中小企業をブーストし、文化や経済をマイクロに活性化させることにつながっている。

## ビットコイン等の仮想通貨

ビットコインの登場は、二〇〇九年の運用開始から急速に普及していることや、「サトシナカモト」と名乗る人物によって投稿された一つの論文に基づいて開発が始まったというミステリアスな出自もあいまって、市場・経済だけでなく文化にも衝撃を与えた。ビットコインは、暗号化されたセキュリティシステムを持つパブリックなデータベースである「ブロックチェーン」を活用した仮想通貨である。仮想通貨とは、国家の強制通用力を有さない決済手段であり、またSuicaやPASMOなどの転々流通するわけではない電子マネーとは区別される［図1］。ビットコインは中央銀行などの発行主体を持たないピア・ツー・ピア型のネットワークを前提とした通貨であるため、現代社会のデファクトスタンダードとなっている「一国一通貨制度」に準拠しない通貨とされている。

ビットコインの大きな特徴となっているのが、実際にある取引が行なわれると、その後にはその取引の取消しや内容の改変ができないという「取引の非可逆性」が保証されているという点である。これは、「公開鍵暗号」という暗号技術と「ブロックチェーン」と呼ばれる分散型のタイムスタンプ技術に基づく。ブロックチェーンの最大の特徴は、ブロックチェーンに記録される取引記録（トランザクション）の信頼性の確保を、国家や信頼できる第三者を介在させることによってではなく、

■図1　現金以外の決裁手段の主な規制・ルール（二〇一七年一月現在）

| 決済手段 | 規制対象 | 規制の内容 |
|---|---|---|
| 仮想通貨<br>(ビットコインなど) | 仮想通貨<br>交換業の登録 | 資本要件、財産的基礎等の登録要件、<br>利用者の財産を分別管理し、定期的に監査法人などの監査を受けること等が求められる*1 |
| 電子マネー<br>(スイカ、楽天Edyなど)<br>商品券、プリペイドカードなど*2 | 前払い式<br>支払手段 | 表示・供託義務(一定要件を満たすと<br>未使用残高の2分の1以上を供託)など |
| (銀行以外の)100万円以下<br>の送金サービス・振込サービス*3 | 資金移動業<br>の登録 | 資本要件、財産的基礎等の登録要件、<br>表示・供託義務(原則として送金中の滞留資金の100%以上を供託)など |
| ポイント<br>(Tポイント、Ponta、マイレージなど)<br>収納代行、振込代行など | なし | 法的な規制、ルールはなし |

*1 具体的な内容・運用については、今後、内閣府令やガイドラインによって、2017年6月までに決定される
*2 有償のゲーム内の通貨・ポイントがこれに該当するか議論になっている
*3 CtoCサービスにおけるユーザーの資金を一定期間預かるエスクローの仕組みがこれに該当するか議論になっている

ピア・ツー・ピア型のネットワークを前提とした参加者たちの欲望に基づく多数決のような仕組み（採掘（マイニング）すればするほど投票権が多くなる）により維持する点にある。

一方で、仮想通貨には従来の金融インフラとは決定的に異なるリスクも存在する。二〇一四年二月、ビットコイン取引所「マウントゴックス」は、四〇〇億円超の損失を出し運営会社が倒産した。この一件により、日本におけるビットコインの信用は失墜し、発展も遅れたといわれている。

また、ビットコインは一般的に匿名性があるとされているので、マネーロンダリングに利用されるリスクを警戒する声はなお根強い[4]。FATF（金融活動作業部会）は「仮想通貨は資金洗浄に使われるリスクがある」とする報告書をまとめた[5]。金融庁は仮想通貨の発酵・交換等を行なう者について、「仮想通貨交換業」としての登録を求める資金決済法、銀行法、その他の法令の改正を行なうことを決定している。しかし、この「仮想通貨交換業」の登録には、マネーロンダリング対策等の理由から、ベンチャーや中小企業にとって高いハードルとなる規制がかけられる見方が強く、ようやく日本でも盛り上がってきた仮想通貨のビジネスやカルチャーに水を差しかねないことが懸念されている。利便性の高い仮想通貨のインフラを今後どのように育て、活用していくかが課題となる。

## ブロックチェーン技術の可能性

ビットコインの登場は衝撃的であった。だが、現在では、より大きなポテンシャルを持っているのは、ビットコインの中核をなすブロックチェーン技術であるという認識を前提に、さまざまな分野でブロックチェーンの活用を模索する動きが活発化している。[6]

ブロックチェーンには、不可逆性と改ざんの困難性により、取引記録を時間との関係で正確に証明できるという紙以上の機能が備わっており（紙の日付は改ざんが可能である）、しかも、ブロックチェーンの内容は、世界中、誰もが自由にインターネットを介して常時参照できる。このようなブロックチェーンの汎用可能性は、私人《しじん》間における契約関係のみならず、社会インフラ、国家システムにまで及び得る。

ブロックチェーンの社会的信用性が高まれば、個人ＩＤ、パスポート情報、不動産登記、出生・死亡・婚姻情報、法人格、民事契約など、あらゆる個人または企業に付随する情報を暗号管理されたブロックチェーンに記載することで、現在提供されているサービスやインフラよりも安く、早く、安全に、そして確実にサービスを受けることができる可能性がある。それによって、紛争の予防・低減を果たすことも夢ではないだろう。現にこのような「BITNATION」という仮想国家を構想している者もいる。記録の真正性や時間、所有の移転などを証明するための存在として、ブロックチェーンは社会インフラを一気に塗り変えてしまうほどのインパクトを備えている存在といえる。

## ブロックチェーン技術と法の役割

本項では、社会でもっとも重要なインフラの一つである〝お金〟をめぐる仕組みの現代的変容について考察してきた。決済と資金調達に関しては個人レベルにフォーカスした動きであるが、仮想通貨に関しては国家レベルの動きといえる。本項で見てきた新しい金融サービスは、法の執行や監督との関係で、短期的には従来の銀行サービスを代替することは難しいだろう。しかし、長期的には、より早く、より安全で、より効率的な金融サービスを我々の生活にもたらす可能性がある。また、ビットコインやその裏側に走るブロックチェーンは既存の社会インフラを破壊《ディスラプト》し、一新するほどのポテンシャルを有していることも説明した。法とアーキテクチャの協働が本書のテーマの一つであるが、私の見立てでは、ブロックチェーン技術が法とアーキテクチャを架橋し、ハブとなる役割を担う存在として、今後の社会制度設計においてキーになるのではないかと考えている。

しかし、イーサリアムなどのスマートコントラクトにおけるブロックチェーン技術が合意形成に利用できるとして、そこでの合意形成が従来の契約による合意形成と本当に同視できるのかについても検討されなければならない。また、ブロックチェーンというアーキテクチャにより、あらゆる取引が記録されることになれば、私たちの経済活動を含むあらゆる活動が客観的なものになるが、一方で硬直的で柔軟性に欠けるものになるおそれがあることも容易に想像できる。人類史上、このようなレベルで人間の活動が客観的に網羅的に記録される事態は存在しない。ここにどのような問題が潜んでいるのかについては、現時点において筆者の手に余る問題である。だが、ローレンス・レッシグが指摘し、本書においてたびたび言及している、アーキテクチャによる規制の強度が高くなりすぎるという現代的な課題がここにも生じてくることは想像に難くない。しかし、あらゆる事象が電子的に記録され、アーキテクチャにより行動が規定される「ゆらぎ」のない世界が私たちの社会にとって良いことなのか、取引関係や人間関係などの社会のあらゆる事象の可視化や硬直化がもたらす問題についても熟慮しなければならないだろう。

一1一二〇一五年九月三〇日付け「資金移動業者登録一覧」(http://www.fsa.go.jp/menkyo/menkyoj/shikin_idou.pdf)

一2一LINE PAY株式会社は、二〇一四年一〇月一日付けで資金移動業者の登録を受けている。

一3一具体的には、財務省のFATF(金融活動作業部会)勧告、警察庁のタリバーンリスト、外務省の日本政府サンクションリスト、経済産業省の特定事業者の責務、米国のパトリオットアクトなど数多くのリストチェックやフィルタリング業務、過去の取引履歴や取引パターンなどの傾向と比較して「疑わしい取引」を発見・抽出・届出して経過監視する等、警察庁のJAFIC(犯罪収益移転防止対策室)と連携しながら行なうモタリング業務などがある。

一4一ビットコインは一般的に匿名性が強いとされているが、一方で、違法取引であってもあらゆる取引が取引記録に記録されるという点で証拠に残りやすいという指摘もある(岡田仁志、高橋郁夫、山崎重一郎『仮想通貨——技術・法律・制度』東洋経済新報社、二〇一五年)。

一5一FATF "Emerging Terrorist Financing Risks" (http://www.fatf-gafi.org/publications/methodsandtrends/documents/emerging-terrorist-financing-risks.html)

一6一決済に近い分野では、株式取引に応用する「Overstock」や、不動産取引に応用しようと取り組んでいる「Bitproof」や「Blocknotary」などがある。知的財産分野では、ブロックチェーンをアート作品の移転の記録や真贋の判断に利用する「Verisart」がある(第二部「アート」の項参照)。また、アート作品の著作権を暗号化し、ブロックチェーンに記録することで、著作権管理も行なえるという。

## 12　家族

### 活発化する性や家族の法的問題

二〇一五年三月三一日、東京都渋谷区で、同性カップルにパートナーシップ証明書を発行する「渋谷区男女平等及び多様性を尊重する社会を推進する条例」が成立した。アメリカでは二〇一五年六月、同性婚を合憲とする歴史的な判断が出されたばかりであるが、日本ではまだ同性婚を認める立法はなされていない。この証明書は、婚姻をしている者と同等の関係と認められる同性カップルに対して発行することを条例レベルで認めるものだ。

二〇一三年九月には、非嫡出子の法定相続分を嫡出子の二分の一とする規定（民法900条4号）を違憲と判断する最高裁の決定が出され、民法の規定は改正された。また、女性の再婚禁止期間（民法733条）と夫婦同姓（民法750条）を定めた民放の規定については、二〇一五年十二月に最高裁判決が出され、再婚禁止期間については一〇〇日を超える部分については違憲、夫婦同姓については合理性を欠く制度とまではいえないとして合憲と判断した。この判決を受け、女性の再婚禁止期間を一〇〇日に短縮した民放の改正が二〇一六年六月に成立した。

このように昨今、性や家族をめぐる法的問題に関する動きが活発化しているように見える。これは果たして偶然だろうか。その背景には何があるのか。

## LGBTの法的地位

LGBTは、レズビアン（女性に惹かれる女性）、ゲイ（男性に惹かれる男性）、バイセクシャル（両性愛者）、トランスジェンダー（性同一性障害者）などの性的マイノリティを総称する言葉である。[1] LGBTに対する社会的な認知が進むなかで、LGBTに対する差別の撤廃や人権の保障の動きが世界的に広がっている。

LGBTのパートナーは、日本において、法律上の婚姻関係が認められていない。それゆえ、パートナーに相続する権利が認められないこと、救急車・病院などの付き添いが認められないこと、成年後見申立てをする権利がないこと、生命保険の受取人になりにくいことなど、多くの法律上またはそれに付随する社会上の不都合が存在する。このような不都合に対して、遺言や任意後見契約、養子縁組などを活用することで対応している者もいる。しかし、これらは婚姻関係の成立を目的とした制度ではなく、いずれもLGBTのパートナー関係を婚姻関係と同等の状態にするためのものとして十分ではない。

先述の渋谷区で成立した同性カップルのためのパートナーシップ条例では、証明書の発行にあたっては、（1）渋谷区内在住の二〇歳以上であること、（2）戸籍上の性別が同じカップルであること、（3）公正証書を作成すること等を条件付けている。証明書は、区内において、区営・区民住宅への入居や民間不動産などの契約、医療機関における面会や医療同意、家族手当、慶弔休暇などの職場における待遇改善などを認める一方で、婚姻や相続における法律上の権利を認めているわけではない。

ヨーロッパでは、すでに多くの国が同性婚を認めている。米国では、二〇一二年五月に、オバマ大統領が歴史上初めて米国大統領の立場で同性婚を支持し、性的マイノリティに対する差別を撤回する施策を採用していくことを表明して話題になった。一方で、中東などにおいては同性婚が発覚すれば死刑になる国もある。日本では、二〇一四年七月から、異性間だけではなく、同性間の言動も職場のセクハラに該当することを盛り込んだ男女雇用機会均等法の改正法が施行されている。

### 市場としてのLGBT

LGBTに対する差別の撤廃や人権の保障の動きがある一方で、企業もLGBTに対する社会的認知の広がりを背景に、市場としてのLGBTに注目し始めている（「ピンクマネー」などと呼ばれる）。また、企業がLGBTを市場として捉える考え方が、性的マイノリティに対する社会的な融和策として有効であると論じる識者もいる。企業としては、市場として一定の規模を見込めると同時に、リベラルな文化を持つことを対外的にアピールできる。環境に優しい企業が顧客に支持されるのと同じ構図で、人種や性別で差別しない企業の製品がブランディングとして顧客に支持される。さらに、ダイバーシティ（多様性）の尊重は創造性やイノベーション、組織の成長に寄与するという考え方がシリコンバレーを中心に広がっている。このように、LGBTに関する諸問題は、すでに単なる性差別や人権の問題を超えて、ビジネス的な判断に直結する事項となってきているのである。

例えば、米IT企業アップルの現CEOティム・クックはゲイであることを公言していることもあり、アップルは人種や国籍、性別だけでなく、性的指向で差別しないという非差別条項を掲げ、その理解を深める教育プログラムを実施しているなど、LGBT政策に対して積極的にコミットしている［図1］。スポーツメーカーのナイキやアディダスがLGBTのテーマカラーであるレインボー色のスニーカーを発売したり、LGBTプライド月間［2］にキャンペーンを行ったりしている。

■図1　サンフランシスコのゲイパレードを歩くアップルの職員たち
・TIME Magazine (http://time.com/2941401/apple-tim-cookgay-pride-parade-san-francisco/)

日本では、ソフトバンクが「家族割」を同性カップルにも適用しており、ＬＧＢＴの間では同社の人気が高いことは有名な話である。日本におけるＬＧＢＴの人口に占める割合は約七・六％で、その市場の規模は、約五兆九四〇〇億円にも上るというデータが存在する。[3]

一方で、ＬＧＢＴ融和策を採用する企業にも努力が必要である。異性婚の配偶者と同性パートナーが、まったく同じ健康保険制度や年金、福利厚生や税の制度を利用できるように企業側の積極的なサポートが必要になってくる。

## 夫婦別姓（別氏）制度

欧米では夫婦別姓制度が当たり前のように存在するが、日本では夫婦別姓制度はまだ認められていない。現行の民法750条では、婚姻に際して、男性または女性のいずれか一方が必ず氏（姓）を改めなければならない。[4]現実には、夫婦は男性の姓を選択し、女性が姓を改めるケースが圧倒的多数である。しかし、女性の社会進出や同性婚への注目などを背景に、改姓による社会的な不便・不利益を避ける観点から、選択的夫婦別姓制度の導入が叫ばれてきた。[5]選択的夫婦別姓制度の導入は、女性の労働環境を改善し、モラルを向上させるとともに、通称使用に伴う事務負担を軽減する企業にもメリットがあることから、これをアミカス・ブリーフで実現することを示唆する意見もある。[6]

この点について、一九九六年の民法改正案要綱において、選択的夫婦別姓制度や再婚禁止期間の一〇〇日への短縮などの導入が検討されたが、実現しなかった経緯がある。実現しなかったのは、日本では家制度の名残りから、「家」そしてそれを象徴する「姓」への執着心がまだ根強かったことが理由に挙げられるだろう。その後、再婚禁止期間については最高裁での違憲判断を経て、法改正がなされたことは、すでに紹介した通りである。選択的夫婦別姓制度についても時間の問題のように思われるが、その導入は果たしていつになるのだろうか?

## 戸籍制度からマイナンバー制へ

現在の婚姻制度は、日本国憲法24条がうたう個人の尊重と男女の平等に基づいてはいるものの、二〇一三年に最高裁において違憲と判断されるまで、嫡出子の相続分を非嫡出子と比較して優遇するなど、家制度の名残りが存在する(婚姻という枠組みのなかで生まれた子どもに、より多くの財産を相続させるということは、代々家を継いでいくための枠組みとなっていた)。

これは婚姻制度の下敷きになっている戸籍制度が戦前から依然として引き継がれていることにも由来する。そのことは「婚姻は、戸籍法（昭和22年法律第224号）の定めるところにより届け出ることによって、その効力を生ずる」という民法739条1項の規定からもわかる。

明治時代に家制度が廃止されたといっても、社会の構成単位である家族や、その構成員たる個人は家制度に由来する戸籍によって管理されている。情報技術が発達した二十一世紀にあって、戸籍制度の「レガシーさ」に驚いた経験をお持ちの読者の方も多いだろう。婚姻制度や家族のリデザインを考える場合、その下敷きとなっている戸籍制度のリデザインまで検討しなければならない。

米国では、ソーシャル・セキュリティナンバーが個人に付されており、政府はこの番号によって、住所、電話番号はもちろん、家族構成、収入や借金、税金の支払状況などを管理している。もちろん、このような個人番号制には、国家による監視や個人情報の漏洩など問題も多いが、社会の構成員たる個人の把握を戸籍制度に紐付けて行なう必要がなくなるというメリットがある。二〇一五年以降導入が始まった、いわゆるマイナンバー制は批判も強いところであるが、これにより戸籍が事実上不要になると、選択的夫婦別姓制度を採用できなくなる理由はなくなるという意見もある。

## 多様化する家族の形
### （ステップファミリーと国際養子制度）

ステップファミリーとは、子どもを持つ男女の離婚・再婚によって生じてくる血縁関係のない親子関係や兄弟姉妹関係を内包している家族の総称をいう。七〇年代から離婚率・再婚率が高かった欧米を中心に、血に由来しない、ステップファミリーという新しい家族のあり方が広まってきた。

こうした家族の多様なあり方を助長しているのが、国際養子縁組である。歌手のマドンナや俳優のブラッド・ピットとアンジェリーナ・ジョリー（元）夫妻がアジアやアフリカから養子を迎えている事実をご存知の方も多いだろう［図2］。米国の社会では、このような国際養子縁組が広く受け

■図2　ブラッド・ピット、アンジェリーナ・ジョリーとその家族
・© Masatoshi Okauchi/Rex Features

入れられている。養子縁組は公的機関や州が認可した民間団体、弁護士などさまざまなルートで行なわれ、年間十二万件を超えるといわれている。日本は国際養子縁組のルールを定めたハーグ条約を批准していない。

このような血に由来しない家族のあり方を自然の摂理に反するとして批判することはたやすいが、一方で実際に生じてきている、このような多様な家族の形を社会的にいかに承認し、受け皿を作っているのか。そのルールメイキングが国際的に求められている。

## 生殖補助医療の発達による出産の多様化

社会の構成員たる個人は出生により始まる。科学・生物・医療技術の発達により、この出生にも多様な「生」のあり方が生まれてきている。生殖補助医療と呼ばれる、不妊治療の一環としての体外受精や代理出産などの医療技術が急速に進展している一方で、安全性や倫理性などさまざまな面で問題を引き起こしている。

二〇一五年二月、英国下院において、遺伝的に二人の母親を持つ子が生まれることになる新しい生殖補助医療を認める法案が世界で初めて賛成多数で可決された。新たに認められたのは、ミトコンドリア病の女性の卵子から核を取り出し、健康な女性の卵子の核と交換する技術である。これにより三人の親の遺伝子を受け継ぐ、自然界には存在しない人間が生まれる可能性が出てくることになる。

日本は、生殖補助医療の先進国であり、精子提供、卵子提供や代理出産も行われている。「父」は誰か「母」は誰かが問題となる事件も起きているが、子どもの福祉の観点からは、保護者である「親」が誰かということが明確である必要がある。しかし、日本では学会のガイドライン等の規制しかなく、法律が整備されていないことが問題視されている。生殖補助医療の進展が家族のあり方も変えていくことは必然といえよう。

## 多様化する家族で構成される社会の光景

出生、婚姻、離婚、養子など、それぞれのステージにおいて、従来法が予定していたモデルではない多様性が生まれてきていることに、目眩がするような気持ちすら生じているのが正直なところである。しかし、このような多様な性や家族形態は、実は昔から存在していた。情報化社会ではこれらの点在したマイノリティたちが可視化され、ネットワーク化され、一つのムーブメントとなって立ち現れているのだろう。例えば、先に紹介した渋谷区の同性カップル・パートナーシップ条例は、コミュニティの盛り上がりがＳＮＳ等のネットを中心に可視化され、ルール作りにまで結びつけた事例としても注目される。

本項で論じたＬＧＢＴや夫婦別姓制度、ステップファミリー、国際養子縁組、生殖補助医療などの問題のその先には、多様な家族があるということが当たり前の社会の光景が見えてくる。それは誰もが自分らしく行きられる社会の光景である。現代の家族の形は多様化していることは明らかであり、法律もこれらの個人や家族を承認し、バックアップする仕組みであることが望ましい。

婚姻制度とは、パートナーとの契約に基づくものであるが、社会から「社会の構成単位たる家（族）」として承認され、保護されるという効果がある。婚姻制度は子を産み、育み、社会の構成単位たる家（族）を代々維持していくための制度として位置づけられている。そして、日本は個人と家（族）を登録・管理する制度として戸籍を利用している。この戸籍をベースとした近代的家族制度とそのような価値観が残る時代の末端を私たちは生きている。

現在、家制度に基づく規範的・標準的な家族の枠組みに代わる、個人の事件が尊重されるオルタナティブ（代替可能な）なモデルが求められている。親子関係を一対一で考える一元的親子論から、養子や代理母によって生じる多元的親子論に転換する可能性と必要性を唱える論者もいる。[7]

他方で、私たちは一人では生きていくことはできないことも事実であり、社会で生きていくためには何らかの単位または共同体が必要になってくる。社会の構成員の単位や個人のアイデンティティは、「家」や「姓」から「個人」や「名」へと変化してきている。社会の構成員たる個人は、出生に始まり、死亡で終了するが、性や家族の問題を考えることは、社会の持続可能な再生産を考えることにつながる。成年後見制度のリデザインも必要になるだろう。

このようなＬＧＢＴ、夫婦別姓などの問題を通して、生とは何か、性とは何か、結婚とは何か、家族とは何か、その本質を改めて考えることで、多様性のある社会への変化の契機と捉えるべきであろう。

―1―セクシャリティは、実際には多様性があり、世の中にはＬＧＢＴという言葉でくくれない人もいることに留意が必要である。
―2―「ＬＧＢＴプライド」とは、ＬＧＢＴが自己の性的指向や性自認に誇りを持つべきとする概念で「ゲイ・プライド」などとも呼ばれる。米国では、六月を「ＬＧＢＴプライド月間」としてさまざまな催しが行なわれる。
―3―電通ダイバーシティ・ラボ「ＬＧＢＴ調査２０１５」（二〇一五年四月）（http://www.dentsu.co.jp/news/release/2015/0423-004032.html）
―4―国際結婚の場合には、例外的に夫婦別姓が認められるケースがある。

―5―民法等の法律では「姓」のことを「氏」と記載していることから、「選択的夫婦別氏制度」と呼ばれることもある。

―6―曽我部真裕「企業活動と憲法秩序」『Business Law Journal』二〇一五年一〇月号。アミカス・ブリーフは、米国の最高裁規則等に基づく、当事者以外の第三者〝アミカス・キュリエ〟（裁判所の友）が裁判所に意見や資料を提出できる制度である。専門的な知識が裁判所に提供されることで、社会的な利益が判決に反映されることが期待される。二〇一五年六月、同性婚の権利が憲法上認められているとの判断を示した米国連邦最高裁の判断においては、全米を代表する企業三七九社が提出した、同性婚の権利承認に向けた意見書（アミカス・ブリーフ）が大きな役割を果たしたという。

―7―上杉富之『多元的親子論の可能性――「生殖革命」時代の新たな親子関係』日本常民文化紀要二六輯（二〇〇七年）（https://seijo.repo.nii.ac.jp/?action=repository_uri&item_id=494&file_id=18&file_no=1）

# 13 政治

## インターネットによる政治の変化

「自らの意思や意見が国政に反映されない／されていない」という感覚は、現代を生きるほぼ誰もが共有する感覚ではないかと思う。この率直かつシンプルな感覚は、現代の民主主義の形として定着している間接民主制が限界にきていることを端的に示唆している。

政治とは、国家が国民を統治すること、及びそのために必要な作用のことをいう。政治は国家や民族、家族、個人という概念と、それぞれの間に生まれる境界の存在を前提にしている。

一方で、インターネットをはじめとする情報技術は、あらゆる境界を融解していく性向を有している。昨今、TwitterやFacebook等のＳＮＳで一般市民が政治について積極的に情報発信を行ない、時に民衆を動員することも比較的容易になった政治家や政党がウェブやＳＮＳを通して情報発信する機会も増えてきた。官庁や地方公共団体の情報化も少しずつ進んできている。

だが、それによって双方向的な政治が実現しただろうか。インターネットをはじめとする情報技術の発達は政治や民主主義にいかなる変化をもたらしているのか。境界なき時代の政治そして法の役割はどのようなものか。近年の政治における変化を通して考えてみたい。

## ネット選挙運動の解禁

二〇一三年四月に公職選挙法が改正され、従来認められていた「文書図画の頒布」（142条）に加えて、新たにインターネットの選挙運動への利用に関する条項（142条の3、142条の4）が追加された。これにより、同年二〇一三年七月の参議院選挙から、いわゆるネット選挙が解禁され、選挙活動にネットを利用できるようになった。

「選挙運動」とは、特定の選挙において、特定の候補者への直接・間接の投票呼びかけや投票しないことの呼びかけを意味する。参院選の場合、選挙運動の期間は公示から投開票日までの一七日間と定められている。それ以外の期間に選挙運動を行なうことはできない。二〇一三年の公職選挙法改正は、この一七日間の選挙運動にネットを利用できるようにしたものである。勘違いされがちだが、このネット選挙の解禁は、ネットでの電子投票を可能としたものではない。ネットを利用した選挙運動を適法化したものであって、厳密にいえば「ネット選挙運動」の解禁というべきものである。ネット以外の他の媒体の規制はまだまだ残っており、未成年者の選挙運動の規制は従来通り残っているので、全面的な解禁ではないことに留意が必要である。

ネット選挙運動の解禁は、投票率の増加や、ネットの活用による政治家（候補者）と有権者との間のインタラクティブ（双方向）なコミュニケーションにより、政局ではなく政策ベースの政治を実現するための機会として期待されていた。しかし、これまで衆議院と参議院の選挙が一回ずつ行なわれたものの、投票率は上がっていない。また、政治は依然として政局で動いている印象が強く、政策ベースの政治を実現するためのアイデアはまだ見られない。

## 一票の格差是正訴訟

二〇一五年五月、参議院の一票の格差是正のため、「鳥取と島根」「徳島と高知」の合区など選挙区の定数を「10増10減」する公職選挙法改正案が成立した。一票の格差とは、国政選挙(特に小選挙区)の各選挙区において、有権者一人あたりの一票の価値が不均衡になっている状態を指す。議員一人当たりの当選に必要な有権者数について、最も少ない選挙区を基準とし、最も多い選挙区はその何倍かという形で示される。

これまでも一票の価値が異なることは憲法が定める法の下の平等に反しないかが裁判で争われてきた。二〇一一年から二〇一五年にかけて出されてきたこの点に関する最高裁判決は、衆議院、参議院ともに違憲状態であることを認めつつ、すでに行なわれた選挙の効力は有効であるとの判断を下している。これを受け、二〇一五年七月に参院、二〇一六年五月には衆院の選挙区定数を変更する改正公職選挙法が成立している。

## オープンガバメントとオープンデータ

近年、インターネットを活用し政府を国民に開かれたものにしていく「オープンガバメント」―図1―が世界的な潮流となっている。政治や行政の情報がオープン化され、そのオープン化された情報に基づき国民が国の政策決定にコミットするというのがオープンガバメントの基本的な思想である。米国では、オバマ大統領がオープンガバメントを推進し（Web2.0にちなんで「Gov2.0」と呼ばれることもある）、まだ当選前の大統領選挙期間中から各種のＩＴ技術やソーシャルメディアを駆使して多額の献金を集めた。オープンガバメントの目的は、政府の透明性を高め、市民の政策への参画を促すことである。これにより、間接民主制の弊害を是正することが企図されている。

　オープンガバメントの前提となるのが「オープンデータ」である。オープンデータとは、主に行政機関や地方自治体が保有するデータで誰もが二次利用できるデータを指す。すでに、統計、公共

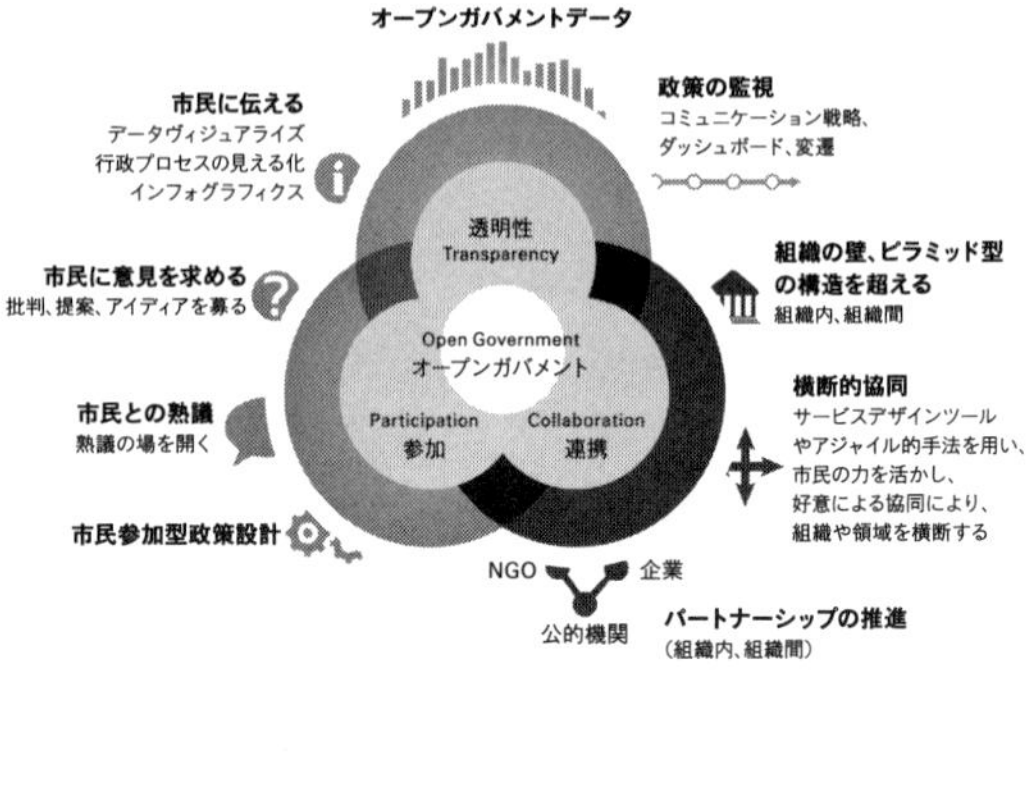


■図1　オープンガバメントの概念図
・Open government diagram
by Armel Le Coz and Cyril Lage.
Japanes version by Open Government Lab. http://openlabs.go.jp
released under Creative Commons Attribution license

施設、防災に関するデータ、各種センサーデータ等、幅広い分野のデータがオープンデータとして公開され始め、オープンデータカタログサイトと呼ばれる目的別にデータが効率よく検索できる機能を備えたポータルサイトが用意されているケースもある。さらに、データの使い勝手を向上させる目的でAPIを提供している機関もある。このように、オープンデータを進めることで、官公庁は、行政の透明化を図るとともに、各種データの開示請求のコストを減縮する効果を狙える。加えて、オープンデータを活用したハッカソン等を通じて、積極的な市民参加・連携やビジネス機会の創出も期待できる。

日本では、官公庁では経済産業省や総務省、自治体では鯖江市や横浜市、大阪市、京都市などの取り組みが有名である。特に、眼鏡の産地として知られる鯖江市は「データシティ」を標榜し、日本でも有数の公共情報を機械が読み込み可能なデータフォーマットで公開している。世界では、ソースコードの共有プラットフォーム「GitHub」のアカウントを政府や自治体が取得し、積極的にオープンソースのコミュニティにアプローチしているケースがある。

## 民間のサービス

「Change.org」は、ユーザーが問題提起したい社会問題について、ソーシャルメディアで拡散させながら署名活動もできるサービスである。一回のクリックで簡単に署名を集めることができる。ＬＧＢＴや環境問題など幅広い分野で集められた署名は、企業や行政、政府に対して大きな影響とプレッシャーを与えるまでに至っている。

英国の「You Choose」もユニークなサービスだ。行政機関が公開するデータと情報技術を組み合わせることで、市民が具体的に行政に対して「対案」を示すことができる。公開されている行政データを元に、予算のスライドバーを動かすことで、シミュレーションゲームのように歳出項目を増やしたり減らしたりしながら歳出削減案を自分で作ることができる。もともとこの仕組みは役所が「歳出を削減することがいかに難しいものなのか市民に知ってもらう」ためのコンテンツだった。しかし、市民が削減案を投稿できる機能が付いていたため、結果として「市民がどの項目を歳出から削減すべきと考えているのか」という民意を可視化させるサービスとして注目を浴びることになった。最初は一部の地域だけのサービスだったが、現在はカバー範囲を大幅に拡大し、多くの地方自治体の予算削減案を作って公開できるようになっている。

市民がソーシャルメディア等を利用して多くの専門家とつながり、公開データの検証を行ない、議論を経たうえで行政に対して対案を示す。「You Choose」のような仕組みをさまざまな政策分野に応用することで、より市民たちが政策に目を向け、現実的な政策を提案していくことが可能になるだろう。

## GitLaw

GitHubにも利用されているGit[1]のバージョン管理機能に着目し、これを法律の制定・改正・廃止に敷衍する「GitLaw」[2]という動きがある。法律の制改廃についても、プログラムと同様に、ソーシャル・コーディング[3]できるのではないかという

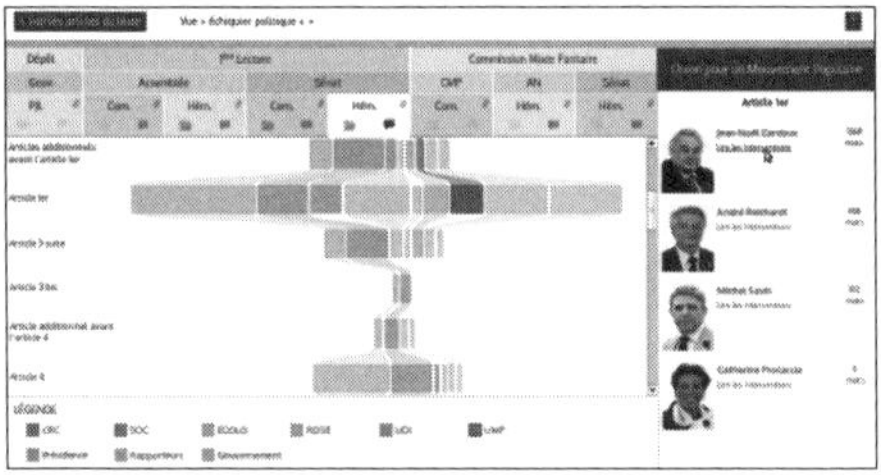

■図2　Law Factory Project（https://github.com/regardscitoyens/the-law-factory）

のが基本的なコンセプトである。この動きはまだアイデア段階であるが、彼らは二〇一一年から二〇一四年にかけてフランスで行なわれたLaw Factoryプロジェクト［図2］を先例として挙げる。これは二九〇の法案をシステムで管理し、どの法案が、いつ、どの議院で、どのくらいの期間議論されたか、どの議員がどのような修正を加えたか、その修正は最終的な制改廃にどのくらい寄与したかという立法過程を可視化したものだ。

すでに、米国では企業や行政、自治体がGitHubの公式アカウントを取得し、各種データやソースコードを公開する動きが始まっている。GitHubを活用したオープンデータについては、フィラデルフィア市の試みが有名であるが、日本でも、二〇一五年二月に和歌山県が地方自治体初めての試みとして、GitHubの公式アカウントを取得し、和歌山県内の公共トイレ情報や道路規制情報などのデータやソースコードを公開して注目を浴びている。[4] オープンデータの考えが浸透していけば、各種データやソースコード以外にも、法律や条例、そして各種政府系の文書などがGitHubに公開されていくイメージは容易につくだろう。しかし、可能性はそこにとどまるものではない。共有された法文（コード）に対して、一般市民が別の具体的な文言案を分岐・作成（fork）したうえで、提案（pull request）し、元の法文と新しい法文の差分（diff）を可視化し、投票や意見公募を経ることによって、最終的には責任者が法文に反映する

（merge）する。その他にも、立法にまつわる可視化されたビッグデータの分析、一般市民による立法過程への参画や法律の「編集」など、立法手続の抜本的な変革につながる可能性もある。それは民主主義の原則からすれば、あながち間違ったことでもない。

## 熟議による間接民主制の限界

ネット選挙活動の解禁や一票の格差の是正は、いずれも現代の間接民主制を是正することを企図しているが、その解決は十分ではない。これまで国民は、選挙で投票するという極めて限定的な意思表示の機会を通じてしか、政策決定にコミットすることはできなかった。しかし、一般市民がインターネットやソーシャルメディアを通し政治に関する意見を表明できるようになったことで、政策へコミットする機会と影響力は格段に増加した。これにより、政治や行政が暴走しないようチェック機能が働くとともに、政局ではなく政策ベースの政治を実現するためのアイデアやサービスも生まれてきている。その前提には、オープン化された情報に基づき国民が国の政策決定にコミットするという、オープンガバメントの流れがある。また、GitLawの動きを推し進めていけば、一般市民が立法過程に容易に参画することが可能になる。

オープンガバメントが進んだ社会では、政府は自ら行政を行なうのではなく、国民の自発的な動きを活性化させるプラットフォームとしての役割を果たすことになる。

さらに進んで、インターネットが持つオープンな特性は、国家や個人の境界を融解し、中央集権的な制御を排除する。一方で、現代の間接民主制は、個別具体的な利害関係があまりにも複雑化しており、国会議員という代理人を通じた話し合いによる熟議でコントロールするには限界が来ているという見解も存する。そこで、統治手段としての熟議を情報技術によって集められた集合知によって代替して解決する——そんな情報技術を活用した新しい時代の民主主義のアイデアも生まれてきている。[5]

## 政治とリーガルデザイン

情報化社会において、法律の解釈・運用により生まれる「余白」や契約をいかに設計・デザインしていくかというリーガルデザインの思想が本書のテーマであるが、単に法律や契約を設計するだけでは無意味であり、それを使う私たち個人、ひいては国家の法に対する認識のアップデートも同時に求められる。その際に重要なことは、法律の解釈・運用や契約を活用することにより、個人がルールの形成過程に積極的に参画していくというマインドである。そのような参画がやがて法制定や法改正の過程に反映される。そうした循環・エコシステムと、私たちの法に対するマインドセットの更新が必要になってくる。

オープンガバメントは、本書が提示しているリーガルデザインという思想の前提として重要な意味を持つ。もはや、私たちは、技術的には、個人や企業間の契約のみならず、国と私たちの契約である法律も、私たち自身で主体的に設計・デザインすることができる時代を生きている。そのような時代にあって、リーガルデザインの考え方は、民主主義社会における政策決定プロセスを再生させるための有効な武器になり得るのではないだろうか。

―1―git（ギット）とは、プログラムのソースコードなどの変更履歴を記録・追跡するのに優れた分散型バージョン管理システムの一つ。

―2―http://gitlaw.us/

―3―ソースコードをクラウド上で共有し、他者とコラボレーションしながらプログラム開発を行なうこと。

―4―http://www.pref.wakayama.lg.jp/prefg/020400/opendata/

―5―東浩紀『一般意志2・0――ルソー、フロイト、グーグル』（講談社、二〇一一年）においては、J・J・ルソーが唱えた「一般意志」の考えを現代に適用することが提示されている。鈴木健『なめらかな社会とその敵――PICSY・分人民主主義・構成的社会契約論』（勁草書房、二〇一三年）においては「分人民主主義」が提唱されている。

# 第二部のおわりに

## 「なめらかな社会」における法の役割とは

マーシャル・マクルーハンの『メディア論』のごとく、インターネットの普及以降の社会を分野ごとに、そこで起きているさまざまな事象を法律的に、契約的に、そしてアーキテクチャとの関係性から考察してきた。取り扱っている分野が多岐に渡ることもあり、抜け落ちている分野や事象も多いに違いない。

法律や契約といった法が不在あるいは無関係である分野はどこにもない。マクルーハンの時代に「メディア（＝メディウム）」という概念が担った機能が「法」に代わると主張したいわけではないが、法という存在があらゆる分野や社会に密接に、そして深く絡んでおり、法の視点から社会を眺めることにより、従来なかった興味深い視点を提供できるのではないか、と考えて、私は本書を書き始めた。法的な視点から立ち上がってくる風景をわずかでも新鮮に感じてもらえたことを筆者としては祈るばかりである。

本書では、3Dプリンターやドローン、人工知能、ビットコイン、ブロックチェーンなどネット以降に登場または普及したさまざまな新しい技術が、既存の国家、社会、企業、家族、個人、情報（ビット）と物質（アトム）というスケールの異なるさまざまな枠組みの境界を融解していく志向を有している様を考察してきた。起業家・研究者の鈴木健は『なめらかな社会とその敵』[1]において、情報技術を活用し、国家という境界や個人という単位すら分解される政治や意思決定システムに基づく「なめらかな社会」を構想している。このような情報技術の発展の先にある社会において、国家などの境界を前提とした法はいかなる役割を果たすのであろうか。

「なめらかな社会」においては、これまで国家や家族、個人などの境界を前提にした貨幣、政治、法などの社会システムを大幅に情報技術で置き換える必要が出てくるだろう。しかし、このような情報技術で置き換えられた社会システムは必然的にアーキテクチャによる規制あるいはそのおそれが強まる社会でもある。人々の生活や暮らしは円滑に、スムーズに進むかもしれないが、そのような「ゆらぎ」「余白」の少ない（少なくなりやすい）社会が人間にとって幸せな社会なのかわからない（もちろん人間にとって幸せなのかはもはや重要ではないのかもしれないが）。「なめらかな社会」における余白の確保のために、アーキテクチャを柔軟に設計することや、柔軟性を確保しやすいアーキテクチャを法律や契約により実現できるよう制度設計するなど、法律や契約を、アーキテクチャとの絶え間ない行き来とバランスのなかで柔軟に設計し、解釈・運用していくことがこれまで以上に重要になるように思われる。

私たちの生活や文化を「余白」のない社会に変貌させてしまうおそれがあるアーキテクチャによる規制から、いかに私たちの生活や文化の「余白」を確保し、制度設計するか。私たちは、ビジネスや文化のみならず、あらゆる現代的な問題の背景として、この主題について不断に考え続けなければならないのだろう。

―1― 鈴木健『なめらかな社会とその敵――ＰＩＣＳＹ・分人民主主義・構成的社会契約論』（勁草書房、二〇一三年）

## ―初出一覧―

第一部

■「誰もが共有可能な「余白」を設計するとき、法はイノヴェイションを加速させる」（『WIRED』ウェブ版、二〇一五年一〇月五日公開）を元に書籍掲載用に全面的に加筆・改稿
(http://wired.jp/innovationinsights/post/wired/w/law_and_commons/)

第二部（下記の原稿を加筆・修正のうえ再構成）

［二次創作、出版、アート、ゲーム、ハードウェア（初出時はIoT）、不動産、金融、家族、政治］

■連載「法のデザイン――インターネット社会における契約、アーキテクチャの設計と協働」（『Business Law Journal』二〇一五年一月号〜二〇一六年一月号）

［音楽、写真］

■「カルチュラル・ランドスケープ・アーキテクチャ・バイ・ロー」（「HITSPAPER」二〇一二年）

［ファッション］

「ファッションにおける初音ミクは可能か――オープンソース・ハード「ウェア」としてのファッションの可能性」（『vanitas』No.003、二〇一四年）

［アーカイヴ］

■「触発するアーカイヴへ――アーカイヴの権利処理と二次利用」（『Я［アール］：金沢21世紀美術館研究紀要』第六号、二〇一六年）

# アウトロ　―複雑な社会を複雑なまま受容するために―

私が二〇一一年に作成した書面には、以下のような文章がある。

「そもそも、表現の自由は、民主主義の根幹をなす基本原理であり、「公共の福祉」（憲法第13条）のもとに、たやすく規制されることは許されず、その規制に対しては、社会文化の発展や真理の探究が不当に抑圧されるおそれがないか否かを慎重に判断する必要があります。

そして、時として、政治的な表現、あるいは直截な表現よりも、芸術行為の方がより適切で効果的な方法で、複雑な社会問題や人間の深層真理にメスを入れ、社会の問題点や罪悪を浮き彫りにし、鋭い批判や問題提起、新しい価値観の提示を行うことができることは、歴史上周知の事実です。

そのような芸術行為は、社会や世論に対し、鋭い批判や問題提起、新しい価値観の提示を行うことで、一般市民の自覚を促し、社会文化の発展に契機を与えることになるのです。このような芸術行為の価値は、決して無視又は軽視したり看過したりできるものではありません。

もし、本件行為が軽犯罪法の構成要件に形式的に該当するというだけの理由で、その表現が禁圧されることになれば、今後の芸術行為や表現行為に対し少なからぬ萎縮効果を与え、表現の自由が不当に抑圧され、私たちの文化は窒息し、一般市民が文化的価値を享受する途も閉ざされるおそれがあります（『悪徳の栄え』事件最高裁判決・田中二郎判事反対意見・最高裁昭和44年10月15日判決参照、添付書類6）。

このように、本件においては、表現の自由の行為の一態様として、芸術行為の有用性についても強く強調しておきたいと考えます。」


二〇一一年四月、アーティスト集団Chim↑Pomは、渋谷駅構内に所在する岡本太郎の壁画《明日の神話》に、東日本大震災を被災した福島の原発を想起する絵画を付け足した。引用した文章は、この表現行為が刑事事件として立件された際、検察庁に提出した意見書のなかで、芸術行為の社会における有用性について論じた部分から抜粋したものである（もちろん許諾を得て掲載している）。


アーティスト、クリエイターを「守る」とか「支援する」という紹介をされるたびにもどかしさを感じる。そこには二つのもどかしさがある。

一つは、私にとってアーティストやクリエイターとの仕事と、起業家やビジネスマンとの仕事で違いがなく、アーティストやクリエイターを特別に切り出して扱うことにどれだけの意味があるのか、という否定の感情から来るものである。これまでにない、新しい価値を社会に提示し、実装せんとするイノベーターたちを支援する、という意味では、私にとってアーティスト、クリエイターを他のイノベーターと区別する理由はない。

「アート」や「クリエイティブ」はたまた「カルチャー」といった言葉を発した瞬間に、何か特別なことのように人々の関心が離れていく瞬間を数多く目撃してきた。本書は、デザイン思考を持ち込むことにより法に潜むポジティブな側面を炙り出すことを第一の目的としているが、私のなかで通底するもう一つのテーマは、文化がいかに経済と地続きであり、有用かつ不可欠な視点であるのか、ということを法的な視点から提示するという試みであった。これは控えめに言っても深遠なテーマであるため、本書における私の取り組みもおそらく失敗しているだろうが、私はこのトライを続けていくのだと思う。

もう一つのもどかしさは、私は本当にアーティストやクリエイターを「守って」いるのか、「支援」できているのか、という自己への懐疑から来るものである。

本書の執筆を通して、良い社会、豊かな社会とは何か、ということをずっと考えていた。本書のなかでは踏み込んでいないが、社会の制度設計を論じる際に、この問いから逃げ続けていいのか、という疑念が執筆中いつも横にあった。ここであえて言葉にすれば、私にとっての良い社会、豊かな社会とは、「私たちの社会に存在する多様で複雑な事象が、多様に複雑なまま成立し、受容されるしなやかさのある社会」である、というのが現時点において私に可能なもっとも具体的な回答になる。

弁護士の仕事は、対象となるクライアントの声を、裁判所や社会に対し、わかりやすく整理し、編集し、翻訳して届けるという面があるが、その過程において対象が有する複雑さ、豊かさを削ぎ落としてしまう、ということがよくある。そのことがさきほど引用した一節にも表れているわけだが、多様さ、複雑さを受け入れることには「痛み」が伴う。イノベーターたちの複雑で豊かな言葉たちをどう歪曲せず、希釈化せずに社会に届けられるか、という問いを常に喉元にナイフを突きつけられているような切迫感を感じながら翻訳している。この喉元の痛みがしなやかさのある未来につながるのではないか、という漠然とした期待を抱きつつ。

本書は、イノベーターたちとの刺激的な対話や実践のなかで、私自身が醸成してきた思考を切り出して、整理してみたものである。思想家でもなく、法学者でもない筆者が記述した本書は中途半端な産物かもしれないが、異形の書として読者のうち一部でも楽しんでいただける方がいれば望外の幸せである。

「リーガルデザイン」という言葉を公式に使い始めたのは、Arts and Lawが二〇一二年に東京都と行った「Creative Projectのためのリーガル・デザイン」という連続講座であったと記憶している（その前身としてはホンマタカシ氏、本書の第一部でも登場する吉村靖孝氏、そして後述する田中浩也を招いて行なった講座もあった）。その頃にはまったく予期していなかったことであるが、二〇一三年にはスタンフォード大学のデザイン・スクール（d.school）とロー・スクールが共同で「the Program for Legal Technology & Design」を設立し、このプログラムは現在「Legal Design Lab」と名称を変え発展している。この日米における奇妙な一致からも、今後、リーガルデザインが国際的にますます注目され、発展していく予感がある。私は実践のなかで思考することしかできないため、新しい思考を獲得するにはまたいくらか時間を費やす必要があるだろう。それでも、もし機会があればまた十年後くらいに思考を整理してみたい。

本書は、私のような法律家・弁護士と付き合ってくれる顧問先を含む奇特なクライアントや、多くの友人知人と交わした議論の産物である。特に、クリエイティブ・コモンズの同志で、本書草稿に厳しい（愛のある）コメントをくれたドミニク・チェン、マクルーハンの『メディア論』や各連載に関するイマジネーションをくれた林千晶、「リーガルデザイン」「ライセンスデザイン」といった法とデザインを架橋する概念についてアイデアと実践の場を提供し続けてくれている田中浩也という畏友たちの活動とその言葉たちに影響を受けている。シティライツ法律事務所の平林健吾、倉﨑伸一朗、塩野入弥生、クリエイティブ・コモンズ・ジャパンの渡辺智暁、東久保麻紀、前川充、大久保ありか、Arts and Lawの作田知樹、山内真理、藤森純、FabCommonsの菊池開司、川本大功、多くの共創案件をご一緒させていただいている小林茂、水野大二郎、本書の草稿をレヴューし、貴重なフィードバックをくれた中川隆一郎、橋詰卓司、そして私の家族。彼らの日頃の議論とサポートに感謝の意を表するために、ここでビールを奢ることを秘かに宣言する。

本書の編集を薮崎今日子氏、装幀を佐々木暁氏、という私が影響を受けてきた本や雑誌、レコードなどを世に送り出してきたお二人に担当してもらえて、うれしかった。また、本書の第二部は、雑誌『Business Law Journal』での連載に修正・加筆したものが多いが、法律誌では通常考えられないアバンギャルドな連載を企画し実現してくれた編集者の稲垣〝ジャンキー〟正倫氏（現アニマルハウス）。彼の狂気がなければ本書は生まれていなかっただろう。その連載をなんとか着地させてくれた梅津大志氏（レクシス・ネクシス・ジャパン）にも感謝したい。

それでは、みなさん、十年後くらいにまた会いましょう。

二〇一七年一月二〇日

水野祐

■水野祐（みずの・たすく）

■弁護士（シティライツ法律事務所）。Arts and Law 代表理事。クリエイティブ・コモンズ・ジャパン（特定非営利活動法人コモンスフィア）理事。慶應義塾大学ＳＦＣ研究所上席所員（リーガルデザイン・ラボ）。京都精華大学非常勤講師。FabLab Japan Networkなどにも所属。ＩＴ・クリエイティブ・まちづくり分野の法務に従事しつつ、官公庁で委員会の委員やアドバイザーなども務める。好物は電子音楽と色気のある映画、カレーなど。

■著書に『クリエイターのための渡世術』（ワークスコーポレーション、共著）、『オープンデザイン　参加と共創から生まれる「つくりかたの未来」』（オライリー・ジャパン、共同翻訳・執筆）、『デジタルで変わる　宣伝広告の基礎』（宣伝会議、共著）、『秩序なき時代の知性』（ポプラ新書、佐藤優との対談）、『これからの僕らの働き方』（早川書房、インタビュー）などがある。

■法のデザイン　創造性とイノベーションは法によって加速する
■著者＝水野祐　■装幀＝佐々木暁　■編集＝薮崎今日子（フィルムアート社）　■発行者＝上原哲郎　■発行所＝株式会社フィルムアート社　〒150・0022　東京都渋谷区恵比寿南1丁目20番6号　第21荒井ビル　電話＝03・5725・2001　FAX＝03・5725・2626　■http://www.filmart.co.jp　■印刷・製本＝シナノ印刷株式会社

ISBN978-4-8459-1605-4　C0036
2017年2月28日　初版発行

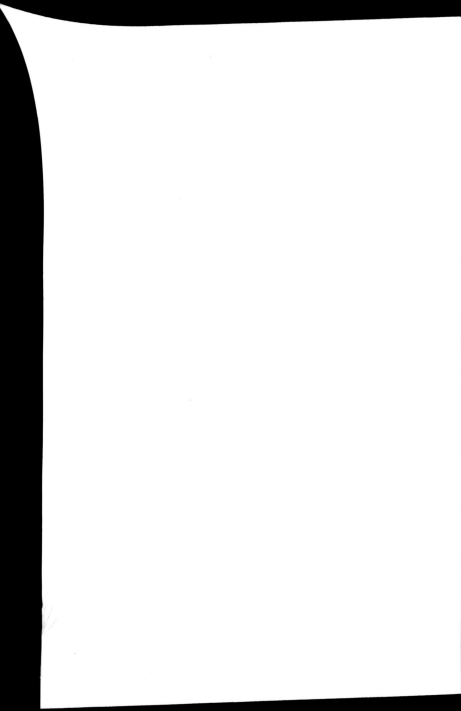